„Ihr seid das Licht der Welt" (Matthäus 5:14)

Missionserklärungen des Ökumenischen Rates der Kirchen von 1980-2005

„Ihr seid das Licht der Welt"

Missionserklärungen des Ökumenischen Rates der Kirchen von 1980-2005

WCC Publications, Genf

Das Dokument liegt auch auf Englisch, Französisch und Spanisch vor.

Deckblatt: Marie Arnaud Snakkers

ISBN 2-8254-1443-3

© 2005 WCC Publications
Ökumenischer Rat der Kirchen
150 route de Ferney, Postfach 2100
1211 Genf 2, Schweiz
Website: http://www.wcc-coe.org

Printed in France

Inhaltsverzeichnis

Einführung

1

Mission und Evangelisation: Eine ökumenische Erklärung

4

Auf dem Weg zu einem gemeinsamen Zeugnis:
Ein Aufruf zu verantwortlichen Beziehungen in der Mission und
eine Absage an den Proselytismus

44

Mission und Evangelisation in Einheit heute

65

Mission als Dienst der Versöhnung

99

Der Heilungsauftrag der Kirche

141

Einführung

«Die Evangelisation ist der Testfall für die wahre Ökumene.» So hat Philip Potter, Generalsekretär des Ökumenischen Rates der Kirchen (ÖRK) von 1972 bis 1984, es auf den Punkt gebracht.[1] Die Basis des ÖRK stellt eine klare Beziehung zwischen Ökumene, Mission und gemeinsamem Zeugnis dar:

> Der Ökumenische Rat der Kirchen ist eine Gemeinschaft von Kirchen, die den Herrn Jesus Christus gemäß der Heiligen Schrift als Gott und Heiland bekennen und darum gemeinsam zu erfüllen trachten, wozu sie berufen sind, zur Ehre Gottes, des Vaters, des Sohnes und des Heiligen Geistes.[2]

Dies sind klare Aussagen, aber welche konkrete Bedeutung kommt der Mission oder Evangelisation in der ökumenischen Theologie und Praxis zu?

Eine Möglichkeit, dies herauszufinden, besteht darin, den Weg zu verfolgen, den die alle sieben oder acht Jahre stattfindenden Weltmissionskonferenzen des ÖRK gegangen sind. Eine der wichtigsten Wurzeln der modernen ökumenischen Bewegung liegt in der Weltmissionskonferenz, die 1910 in Edinburgh, Schottland, stattgefunden hat und die einige Jahre später zur Gründung des Internationalen Missionsrats geführt hat. 1961 kam es zum Zusammenschluss von IMR und ÖRK und seither findet die ökumenische Missionsarbeit unter der Leitung der Kommission und der Konferenz für Weltmission und Evangelisation (CWME) und des dazugehörigen Stabsteams statt.[3]

Eine andere Möglichkeit herauszufinden, was Mission und Evangelisation in der ökumenischen Theologie und Praxis bedeuten, ist auch, die vom ÖRK in unregelmäßigen Abständen veröffentlichten Erklärungen oder Stellungnahmen zu Mission und Evangelisation zu untersuchen, zu vergleichen und auszuwerten. Das vorliegende Buch dient als Grundlage für diesen zweiten Ansatz und stellt alle Missionserklärungen vor, die der ÖRK seit 1980 abgegeben hat:

2 Erklärungen zur christlichen Mission

- Mission und Evangelisation – eine ökumenische Erklärung (1982)
- Auf dem Weg zu einem gemeinsamen Zeugnis – ein Aufruf zu verantwortlichen Beziehungen in der Mission und eine Absage an den Proselytismus (1997)
- Mission und Evangelisation in Einheit heute (2000)
- Mission als Dienst der Versöhnung (2005)
- Der Heilungsauftrag der Kirche (2005)

Diesen Erklärungen kommt nicht allen die gleiche Autorität zu. Separate Einleitungen zu jedem dieser Papiere werden deutlich machen, welchen Status sie haben – ob sie von einem Leitungs- oder einem Beratungsgremium angenommen worden sind. Zusammen gelesen vermitteln sie jedoch ein gutes Bild von den wichtigsten Thesen und Schwerpunkten der ökumenischen Missionstheologie. Unserer Meinung nach haben sie innerhalb und außerhalb der ökumenischen Bewegung nicht die Aufmerksamkeit bekommen, die sie verdient haben. Eine Ausnahme bildet vielleicht die Erklärung von 1982, die in weiten Kreisen auf ein positives Echo gestoßen ist.

Das vorliegende Buch wurde für die ÖRK-Konferenz für Weltmission und Evangelisation (Athen, Griechenland, Mai 2005) zusammengestellt. Wir hoffen, dass es einen Beitrag zur Schaffung eines soliden missionstheologischen Fundaments leistet, auf dem Reflexion und Austausch über das Konferenzthema aufbauen können. Dieses Thema kombiniert die Vision und das Bekenntnis zu Gottes Mission, die als Heilungs- und Versöhnungswerk verstanden wird, mit dem Aufruf an die Kirchen, an dieser Mission teilzuhaben, indem sie Gemeinschaften bilden, erneuern und ausbreiten, die das Evangelium leben und mit anderen teilen.

Komm, Heiliger Geist, heile und versöhne!
In Christus berufen, versöhnende und heilende Gemeinschaften zu sein[4]

Jacques Matthey
Programmreferent für Missionsstudien
Ökumenischer Rat der Kirchen

Einleitung 3

ANMERKUNGEN
1 Ansprache zum Thema «Mission, Evangelisation und der Ökumenische Rat der Kirchen», US-amerikanische Kirchenkonferenz, 1970, zitiert in: Michael N. Jagessar, *Full Life for All: The Work and Theology of Philip A. Potter. A Historical Survey and Systematic Analysis of Major Themes*. Zoetermeer, Uitgeverij Bvoekencentrum, 1997, S. 207 (freie Übersetzung)
2 Verfassung, Artikel I, Kursivschrift hinzugefügt
3 Einführungen in die Weltmissionskonferenzen sind enthalten im *Dictionary of the Ecumenical Movement*, 2. Aufl., ÖRK, 2002, Nicholas Lossky et al. eds., und in *A History of the Ecumenical Movement*, 3 Bände (1517-1948; 1948-1968; 1968-2000), ÖRK. Auch in der *International Review of Mission*, die seit 1912 vierteljährlich erscheint, können die Entwicklungen verfolgt werden.
4 Thema der ÖRK-Konferenz für Weltmission und Evangelisation, Athen, Griechenland, 9-16 Mai 2005.

4 Erklärungen zur christlichen Mission

MISSION UND EVANGELISATION: EINE ÖKUMENISCHE ERKLÄRUNG

Präsentation

Die Ökumenische Erklärung (ÖE) stellt auch heute noch die offizielle Position des ÖRK zu Mission und Evangelisation dar. Sie wurde 1982 vom Zentralausschuss angenommen und zwecks Studium und Aktion an die Kirchen weitergeleitet. Wie bei ökumenischen Dokumenten üblich, bezieht sie ihre Autorität allein aus der inneren Wahrheit ihrer inhaltlichen Aussagen und sie hat für keine Kirche, egal ob Mitglied im ÖRK oder nicht, bindenden Charakter. Sie stellt den ökumenischen Beitrag und die ökumenische Antwort auf die missionstheologische Debatte der damaligen Zeit dar, die in mehreren wichtigen Dokumenten zum Ausdruck gekommen ist, wie der *Lausanner Verpflichtung* (1974) und der *Enzyklika Evangelii Nuntiandi* (1975).[1]

Die ÖE kann als Weiterführung der Debatte über Mission und Evangelisation verstanden werden, die 1975 auf der ÖRK-Vollversammlung in Nairobi geführt wurde.[2] 1976 forderte der Zentralausschuss den ÖRK auf, eine Erklärung zur Mission abzugeben. Nach einem erfolglosen Versuch, einen solchen Text auf der Weltmissionskonferenz 1980 in Melbourne auszuarbeiten, verfasste der damalige CWME-Direktor, Emilio Castro, einen ersten Entwurf, der nach vielen Diskussionen und Überarbeitungen auf der Tagung des Zentralausschusses 1981 erörtert wurde. Die überarbeitete endgültige Fassung konnte ein Jahr später angenommen werden.

Die ÖE gilt zu Recht als erfolgreicher Abschluss der ökumenischen Gespräche, an denen Missionstheologen/innen und -mitarbeiter/innen aus verschiedenen Kirchen und geistlichen Traditionen, einschließlich der römisch-katholischen, orthodoxen und evangelikalen, teilgenommen hatten. In seinem Zeugnis vor dem Zentralausschuss würdigte Bischof Anastasious Yannoulatos, damals Professor für Missionstheologie in Griechenland, die ökumenische Bedeutung der Erklärung mit folgenden Worten: «Ich glaube, dass das Papier das Ergebnis eines wirklichen theologischen und geistlichen interkonfessionellen Gärungsprozesses ist, der sehr konstruktiv war.»[4] Die Erklärung war in Zusammenarbeit mit Personen, die aus sehr unterschiedlichen Missionskontexten kamen, erarbeitet worden und wurde vielerorts sehr positiv aufgenommen.

Mehr als andere Dokumente des ÖRK geht die ÖE von einem ganzheitlichen, umfassenden Missionsverständnis aus und ruft sowohl dazu, klares Zeugnis von Jesus Christus und dem verheißenen Reich Gottes abzulegen als auch in Solidarität mit denen zu leben, die von gesellschaftlichen und wirtschaftlichen Systemen ausgebeutet und ausgegrenzt werden. Die ÖE ist auch dafür bekannt geworden, dass sie einen doppelten Glaubwürdigkeitstest für das christliche Zeugnis fordert:

> «Es gibt keine Verkündigung des Evangeliums ohne Solidarität. Und es gibt keine christliche Solidarität, die nicht die Weitergabe der Kunde von dem Reich einschließt, Gottes Verheißung an die Armen dieser Erde. Hier haben wir einen doppelten Glaubwürdigkeitstest: Eine Verkündigung, die nicht die Verheißungen der Gerechtigkeit des Reiches für die Armen dieser Erde hervorhebt, ist ein Zerrbild des Evangeliums; aber christliche Teilnahme am Ringen um Gerechtigkeit, die nicht auf die Verheißungen des Reiches hinweist, ergibt ebenfalls ein Zerrbild des christlichen Verständnisses von Gerechtigkeit.»[5]

Dies ist in den Denkkategorien der 1980er Jahre formuliert, die noch sehr stark von der Weltmissionskonferenz 1980 in Melbourne, Australien, beeinflusst waren. Im Wesentlichen behält dieser Glaubwürdigkeitstest für die christliche Mission jedoch zu jeder Zeit und an jedem Ort seine Gültigkeit, auch wenn die Formulierung selbst überarbeitet werden könnte, um auf unterschiedliche Kontexte mit ihren jeweiligen Herausforderungen einzugehen. Auf weltweiter Ebene macht er jedoch auch heute noch Sinn.

Die ÖE baut auf einer trinitarischen Grundlage mit christologischer Schwerpunktsetzung auf und stellt Mission nicht nur als Aktivität der Kirche, sondern die Kirche selbst als Funktion der Mission Gottes in der Welt dar. Sie enthält sehr eindringliche Aussagen zur Bekehrung von Einzelnen und von Gemeinschaften und erkennt zugleich an, dass Gottesdienst und Eucharistie von missionarischer Bedeutung sind. Sie bezieht klar Position zum sozialen Engagement der Kirche, das zur Mission der Kirche gehören muss, bekräftigt aber auch, dass die Gründung von Gemeinden wesentlicher Bestandteil der christlichen Missionsstrategie ist, «bis dereinst in jeder menschlichen Gemeinschaft eine Zelle des Reiches, eine Kirche, besteht, die Jesus Christus bekennt und in seinem Namen seinem Volk dient».[6] Sie würdigt auch die Rolle all der Zeugen, die kulturelle Grenzen überqueren, und ruft dazu auf, deren spezielle Berufung nicht als Alibi für die missionarische Untätigkeit der Ortsgemeinde, sondern als symbolische Konzentration der missionarischen Berufung der ganzen Kirche zu verstehen.[7] Lokale und weltweite Mission sind miteinander verbunden und dürfen nicht als Gegensatz verstanden werden.

Und schließlich prägt die ÖE den Ausdruck «Mission nach der Weise Christi», die ein wesentliches Kriterium für die Beurteilung missionarischer Arbeit bleibt: keine missionarische Methode ist neutral. Sie «macht das Evangelium, das wir verkünden, anschaulich oder verrät es.»[8] Diese Aussage bleibt auch im neuen Jahrtausend von größter Bedeutung und stellt eine Herausforderung für jedes christliche Zeugnis dar. So hinterfragt sie auch, was ökumenische Organisationen oder Kirchen auf dem Gebiet der Evangelisation, Mission, Seelsorge, Liturgie, prophetischen Verkündigung oder Entwicklungszusammenarbeit tun oder eben nicht tun.

Mehr als zwanzig Jahre nach ihrer Annahme bleibt die ÖE ein Meilenstein auf dem Weg des ÖRK zu authentischem gemeinsamem Zeugnis und beweist, wie ein Zentralausschussmitglied es 1982 formulierte, dass der Zusammenschluss von IMR und ÖRK zu einer wahrhaft reifen Beziehung zwischen «Mission» und «Kirche» geführt hat.

JM

ANMERKUNGEN

1. *Die Lausanner Verpflichtung*, Internationaler Kongress für Weltevangelisation, Lausanne 1974, viele Veröffentlichungen, vgl. z.B. Michael Kinnamon et al. eds., *The Ecumenical Movement: An Anthology of Key Texts and Voices*, ÖRK-Verlagsbüro und Grand Rapids MI, Eerdmans, 1997, S. 358-63. *Evangelii Nuntiandi*, verschiedene Veröffentlichungen, auch im Internet: http://www.stjosef.at/dokumente/evangelii_nuntiandi.pdf
2. H. Krüger und W. Müller-Römheld (Hrsg.), *Bericht aus Nairobi 1975*, Verlag Otto Lembeck, Frankfurt am Main 1976, insbesondere die Rede von Mortimer Arias und die Antwort von John Stott (S. 137-140).
3. Allerdings beeinflussten die Diskussionen und Ergebnisse der Konferenz in Melbourne viele der Formulierungen und Aussagen der *Ökumenischen Erklärung*, und zwar sowohl im Blick auf christliches Zeugnis und Solidarität als auch auf Evangelisation und Ekklesiologie.
4. Rede auf der Tagung des Zentralausschusses 1982, veröffentlicht in: *IRM*, Bd. LXXI, Nr. 284, Okt. 1982, S. 452. Diese ganze Ausgabe der *IRM* ist der *Ökumenischen Erklärung* gewidmet. (Zitat frei übersetzt).
5. *ÖE*, §34.
6. *ÖE*, §25.
7. *ÖE*, §39,40.
8. *ÖE*, §28.

8 Erklärungen zur christlichen Mission

MISSION UND EVANGELISATION: EINE ÖKUMENISCHE ERKLÄRUNG

Einleitung
Die biblische Verheissung einer neuen Erde und eines neuen Himmels, wo Liebe, Frieden und Gerechtigkeit herrschen werden (Ps 85,7-13; Jes 32,17-18; 65,17-25, Offb 21,1-2) ermutigt unser Handeln als Christen in der Geschichte. Der Kontrast zwischen dieser Vision und der heutigen Wirklichkeit offenbart die Ungeheuerlichkeit menschlicher Sünde, des Bösen, das durch die Ablehnung von Gottes befreiendem Wollen für die Menschheit freigesetzt wird. Die Sünde, die Menschen von Gott, ihren Nächsten und der Natur entfremdet, findet sich sowohl in individuellen als auch gesellschaftlichen Formen, sowohl in der Sklaverei des menschlichen Willens als auch in sozialen, politischen und wirtschaftlichen Strukturen von Beherrschung und Abhängigkeit.

Die Kirche ist in die Welt gesandt, um Menschen und Nationen zur Busse zu rufen, Vergebung der Sünden und einen Neuanfang in den Beziehungen mit Gott und den Nächsten durch Jesus Christus zu verkünden. Diese evangelistische Berufung ist heute von neuer Dringlichkeit.

In einer Welt, in der die Zahl der Menschen, die keine Gelegenheit haben, die Geschichte Jesu zu kennen, ständig wächst, *wie notwendig ist es da, dem Zeugnisauftrag der Kirche vielfältig nachzukommen!*

In einer Welt, in der die Mehrzahl derer, die Jesus nicht kennen, die Armen dieser Erde sind, denen er das Reiche Gottes verheissen hat, *wie unbedingt notwendig ist es da, mit ihnen die Gute Nachricht von diesem Reich zu teilen!*

In einer Welt, in der Menschen um Gerechtigkeit, Freiheit und Befreiung ringen, oft ohne ihre Hoffnungen verwirklichen zu können, *wie wichtig ist es da, zu verkündigen, dass ihnen das Reich Gottes verheissen ist!*

In einer Welt, in der die an den Rand Gedrückten und die Aussteiger der Überflussgesellschaft in Drogen und esoterischen Kulten verzweifelt nach Trost und Identität suchen, *wie dringend notwendig ist es da, anzukündigen, dass er gekommen ist, damit alle Leben in seiner ganzen Fülle haben (Joh 10,10)!*

In einer Welt, in der so viele einen Sinn nur noch in der relativen Sicherheit ihres Überflusses finden, *wie notwendig ist es da, von neuem Jesu Einladung zur Nachfolge, zum Dienst und zum Wagnis zu hören!*

In einer Welt, in der so viele Christen nur dem Namen nach Christen sind, *wie dringlich erforderlich ist es da, sie wieder zur Leidenschaft ihrer ersten Liebe zu rufen!*

In einer Welt, in der Kriege und Kriegsgeschrei die Gegenwart und die Zukunft der Menschheit gefährden, in der ein ungeheuerlicher Anteil von Rohstoffen und Menschen im Rüstungswettlauf verbraucht wird, *wie entscheidend ist es da, die Friedensstifter selig zu nennen, von der Überzeugung getragen, dass Gott in Christus alle Befestigungen niedergerissen und die Welt mit sich selbst versöhnt hat (Eph 2,14; 2. Kor 5,19)!*

Die vorliegende Erklärung ist ein Anreiz, den sich die Kirchen gegenseitig bieten, zu verkündigen, dass Gott im Regiment sitzt und dass es die Hoffnung auf eine Zukunft gibt, da Gott «alle Dinge zusammenfassen wird in Christus, beides, was im Himmel und auf Erden ist» (Eph 1,10). Jesus ist «der Erste und der Letzte und der Lebendige» (Off 1,10), der «bald kommt» (Off 22,12) und der «alles neu macht» (Off 21,5).

Der Auftrag zur Mission

1. Die heutige ökumenische Bewegung entstand aus der Überzeugung der Kirchen, dass die Zertrennung der Christen ein Skandal und ein Hindernis für das Zeugnis der Kirche ist. **Unter den Kirchen gibt es heute ein wachsendes Bewustsein für den unauflöslichen Zusammenhang zwischen christlicher Einheit und missionarischer Berufung, zwischen Ökumenismus und Evangelisation. «Evangelisation ist der Prüfstein unserer Ökumenischen Berufung».**[1]

Als eine «Gemeinschaft von Kirchen, die den Herrn Jesus Christus gemäss der Heiligen Schrift als Gott und Heiland bekennen und darum gemeinsam zu erfüllen trachten, wozu sie berufen sind, zur Ehre Gottes, des Vaters, des Sohnes und des Heiligen Geistes»,[2] ist für den Ökumenischen Rat der Kirchen das gemeinsame Bekenntnis zu Jesus Christus der Sammelpunkt. Das Heilswerk des Sohnes wird begriffen als das Werk der heiligen Dreieinigkeit: Der Vater sandte in der Kraft des Geistes Jesus Christus, den menschgewordenen Sohn Gottes, den Heiland der ganzen Welt.

Die Kirchen des Ökumenischen Rates befinden sich auf einer Pilgerfahrt zur Einheit unter der missionarischen Vision von Johannes 17,21, «auf dass sie alle eins seien, gleich wie du, Vater, in mir und ich in dir; dass auch sie in uns eins seien, damit die Welt glaube, du habest mich gesandt».[3]

2. Schon im Alten Testament hielt das Volk Israel Ausschau nach dem Tag des Friedens, an dem Gottes Gerechtigkeit herrschen wird (Jes 11,1-9). Jesus trat in diese Tradition ein und verkündigte, dass das Reich Gottes nahe herbeigekommen (Mk 1,15), dass in ihm die Wirklichkeit des Reiches gegenwärtig sei (Lk 4,15-21). Gott bot diese neue Gerechtigkeit den Kindern an, den Armen, allen Mühseligen und Beladenen, all denen, die Busse tun und Jesus nachfolgen werden.

Die Urgemeinde bekannte Jesus als Herrn, als die höchste Autorität, in dessen Namen sich beugen sollten alle Knie, der am Kreuz und in der Auferstehung die Macht der hingebenden Liebe in dieser Welt freigesetzt hat.

3. Christus sandte seine Jünger aus mit den Worten: «Gleichwie mich der Vater gesandt hat, so sende ich euch» (Joh 20,21). Die Jünger Jesu waren persönliche Zeugen des auferstandenen Christus (1. Joh 1,2-3). Als solche wurden sie gesandt – beauftragte Apostel in der Welt. **Auf der Grundlage ihres Zeugnisses, das im Neuen Testament und im Leben der Kirche erhalten ist, ist es ein Wesensmerkmal der Kirche, apostolisch zu sein, in die Welt gesandt zu sein** (Anhang 1). Gott hat in Christus die Kirche mit allen Gaben des Geistes, die zum Zeugnisgeben nötig sind, ausgestattet. «Ihr werdet aber die Kraft des Heiligen Geistes empfangen, welcher auf euch kommen wird, und werdet meine Zeugen sein zu Jerusalem und in ganz Judäa und Samarien und bis an das Ende der Erde» (Apg 1,8).

4. Die Apostelgeschichte erzählt die Geschichte der Ausbreitung der Urgemeinde in der Erfüllung ihrer missionarischen Berufung. Der Heilige Geist kam auf die kleine Gemeinde in Jerusalem am

Tag der Pfingsten (Apg 2,1-39), damit durch die und andere, die durch ihr Wort (Joh 17,20) zum Glauben an Christus kommen sollten, die Welt geheilt und erlöst würde.

Die Urgemeinde bezeugte ihren auferstandenen Herrn in vielfältiger Weise, ganz besonders durch die Lebensweise ihrer Mitglieder. «Und sie waren täglich und stets beieinander einmütig im Tempel und brachen das Brot hin und her in den Häusern, nahmen die Speise mit Freuden und lauterem Herzen, lobten Gott und hatten Gnade bei dem ganzen Volk. Der Herr aber tat hinzu täglich, die gerettet wurden, zu der Gemeinde» (Apg 2, 46-47) (Anhang 2).

Durch die Verfolgungen, die die frühen Christen erleiden mussten, breitete sich das Wort von selbst aus: «Die nun zerstreut waren, zogen umher und predigten das Wort» (Apg 8,4). Die Apostel kamen dann, um den Glauben derer zu bestärken, die das Wort Gottes angenommen hatten (Apg 8,14-17).

Zu anderen Zeiten breitete sich das Wort mehr durch deutlicheres und planmässigeres Vorgehen aus. Die Kirche in Antiochien organisierte die erste Missionsreise. Barnabas und Paulus wurden von der Kirche im Gehorsam gegenüber dem Heiligen Geist ausgesandt (Apg 13,1-4). Immer wieder wurde die Kirche durch Gottes Berufung überrascht, sich ganz neuen missionarischen Situationen zu stellen (Apg 8,26; 10,17; 16,9-10).

5. Jesus Christus war in sich selbst die vollkommene Offenbarung der Liebe Gottes, die sich bei allem, was sein Erdenleben ausmachte, als Gerechtigkeit und Vergebung erwies. Er vollendete das Werk des Vaters. «Meine Speise ist es, dass ich den Willen dessen tue, der mich gesandt hat, und sein Werk vollende» (Joh 4,34). In seinem Gehorsam gegenüber dem Willen des Vaters, in seiner Liebe zur Menschheit, gebrauchte er viele Weisen, Gottes Liebe für die Welt zu offenbaren: Vergeben, Heilen, Dämonenaustreiben, Lehren, Verkündigen, Anklagen, Bezeugen vor Gericht, schliesslich die Hingabe seines Lebens. Die Kirche heute hat die gleiche Freiheit, ihre Sendung zu entfalten, um sich ändernden Situationen und Umständen Rechnung zu tragen (Anhang 3).

Sie ist in die Welt gesandt und hat Anteil an dem Strom der Liebe, der von Gott, dem Vater, ausgeht. In dieser Sendung zur Liebe (Mt 22,37) bemüht sich die Kirche, mit allen

Ausdrucksformen ihres Lebens die volle Verwirklichung des Reiches Gottes in Jesus Christus zu bezeugen. Die Kirche ist, wie Johannes der Täufer, dazu berufen, hinzuweisen auf «Das Lamm Gottes, welches der Welt Sünde trägt» (Joh 1,29).

Der Auftrag zu Verkündigung und Zeugnis
6. Die Mission der Kirche ergibt sich aus dem Wesen der Kirche als dem Leib Christi, der an dem Amt Christi als Vermittler zwischen Gott und seiner Schöpfung teilhat. Dieser Auftrag der Vermittlung in Christus umfasst zwei völlig ineinandergreifende Bewegungen – eine von Gott zur Schöpfung, die andere von der Schöpfung zu Gott. Die Kirche bekundet Gottes Liebe für die Welt in Christus – durch Wort und Tat – in der Identifizierung mit der ganzen Menschheit, in liebendem Dienst und freudiger Verkündigung; in eben dieser Identifizierung mit der ganzen Menschheit hebt die Kirche deren Schmerz und Leiden, ihre Hoffnung und Sehnsucht, Freude und Danksagung, in Fürbitte und in der Feier der Eucharistie zu Gott auf. Jede Störung im Gleichgewicht dieser beiden Richtungen der vermittelnden Bewegung beeinträchtigt unser Amt und unsere Mission in der Welt.

Nur eine Kirche, die genau weiss, wie Menschen in der Welt leben, fühlen und denken, kann beide Aspekte dieses Vermittlungsauftrages angemessen erfüllen. Genau an diesem Punkt erkennt die Kirche den Wert und die Bedeutung des Dienstes anderer für die Kirche, damit die Kirche die Welt besser verstehen und sich enger mit ihr zu solidarisieren lernt, da sie ihre Schmerzen und Sehnsüchte kennt und teilt. Nur indem wir aufmerksam auf andere eingehen, können wir unsere eigene Unwissenheit und falsche Beurteilung anderer abbauen und besser imstande sein, ihnen zu dienen.

Im Mittelpunkt dessen, wozu die Kirche in der Welt berufen ist, steht die Verkündigung des Reiches Gottes, das in Jesus dem Herrn, dem Gekreuzigten und Auferstandenen, seinen Anfang genommen hat. Die Kirchen versuchen durch ihr inneres Leben im eucharistischen Gottesdienst, durch Danksagung, durch Fürbitte, durch Planung für Mission und Evangelisation, durch eine alltägliche

Lebensweise der Solidarität mit den Armen, durch einen Fürsprecherdienst, der bis hin zur Konfrontation mit den die Menschen unterdrückenden Mächten gehen kann, diese evangelistische Berufung zu erfüllen.

7. Der Ausgangspunkt unserer Verkündigung ist Christus, der gekreuzigte Christus. «Wir aber predigen den gekreuzigten Christus, den Juden ein Ärgernis und den Griechen eine Torheit» (1. Kor 1,23). Die der Kirche übertragene Gute Nachricht lautet, dass Gottes Gnade in Jesus Christus war, der, «ob er wohl reich ist, ward er doch arm um euretwillen, auf dass ihr durch seine Armut reich würdet» (2. Kor 8,9).

Menschenweisheit vertrauend, gingen die Weisen aus dem Morgenland, die nach dem Kind suchten, zum Palast des Herodes. Sie wussten nicht, dass «für ihn kein Raum in der Herberge war» und dass er in einer Krippe geboren wurde, als Armer unter Armen. Er nahm die Armut der Menschen sogar so völlig an, dass seine Familie genötigt war, das Schicksal politischer Flüchtlinge in Ägypten auf sich zu nehmen. Er wuchs als Arbeiterkind auf, zog aus, um Gottes Fürsorge für die Armen zu verkündigen, kündigte Seligkeit für sie an, stellte sich auf die Seite der Unterprivilegierten, bot den Mächtigen die Stirn und liess sich ans Kreuz schlagen, um der Menschheit ein neues Leben zu eröffnen. Als seine Jünger verkündigen wir seine Solidarität mit allen in den Staub Getretenen und an den Rand Gedrängten. Die, welche nichts gelten in der Welt, sind in Gottes Augen wertvoll (1. Kor 1,26-31). **An Jesus, den König, glauben heisst, seine unverdiente Gnade annehmen und mit ihm in sein Reich eingehen, sich auf die Seite der Armen stellen, die für die Überwindung der Armut kämpfen. Sowohl diejenigen, die Jesus als den dienenden König verkündigen, als auch die, die diese Verkündigung annehmen und darauf eingehen, sind eingeladen, sich mit ihm täglich an die Seite der Armen der Erde zu begeben und mit ihnen zu teilen.**

Mit dem Apostel Paulus und allen christlichen Kirchen bekennen wir Jesus Christus, «welcher, ob er wohl in göttlicher Gestalt war, nahm er's nicht als einen Raub, Gott gleich zu sein, sondern entäusserte sich selbst und nahm Knechtsgestalt an, ward gleich wie ein anderer Mensch und an Gebärden als ein Mensch erfunden. Er erniedrigte sich selbst und ward gehorsam bis zum Tode, ja zum

Tode am Kreuz. Darum hat ihn auch Gott erhöht und hat ihm den Namen gegeben, der über alle Namen ist, dass in dem Namen Jesu sich beugen sollen aller derer Knie, die im Himmel und auf Erden und unter der Erde sind, und alle Zungen bekennen sollen, dass Jesus Christus der Herr sei, zur Ehre Gottes, des Vaters» (Phil 2,6-11).

> 8. Aber Christi Identifizierung mit der Menschheit ging noch tiefer: Als er mit der Anklage, ein politischer Verbrecher zu sein, ans Kreuz genagelt war, nahm er sogar die Schuld derer auf sich, die ihn gekreuzigt hatten. «Vater, vergib ihnen; denn sie wissen nicht, was sie tun!» (Lk 23,24). Das christliche Bekenntnis lautet: «Er hat den, der von keiner Sünde wusste, für uns zur Sünde gemacht, auf dass wir würden in ihm die Gerechtigkeit, die vor Gott gilt» (2. Kor 5,21). Das Kreuz ist der Ort der Entscheidungsschlacht zwischen den Mächten des Bösen und der Liebe Gottes. Es enthüllt die Verlogenheit der Welt, die Grösse der menschlichen Sündhaftigkeit, die Tragödie der menschlichen Entfremdung. Die völlige Selbsthingabe Christi offenbart die unermessliche Tiefe der Liebe Gottes für die Welt (Joh 3,16).

An genau diesem Kreuz wurde Jesus verherrlicht. Hier verherrlichte Gott, der Vater, den Menschensohn und bestätigte damit Jesus als den Sohn Gottes (Joh 13,31). «Die frühen Christen benutzten viele Analogien, um das zu beschreiben, was sie erfahren hatten und was sich nach ihrem Glauben ereignet hatte. Das treffendste Bild ist das vom geopferten Lamm, geschlachtet und doch lebend, das den Thron, Symbol des Zentrums aller Macht und Souveränität, mit dem lebendigen Gott selbst teilt».[4]

Es ist dieser Jesus, den die Kirche als das wahre Leben der Welt verkündigt, weil er am Kreuz sein eigenes Leben für alle hingab, so dass alle Leben haben mögen. In ihm sind Elend, Sünde und Tod ein für allemal besiegt. Es ist unannehmbar, dass sie letztgültige Macht über das menschliche Leben haben könnten. In ihm ist volles Leben, ewiges Leben. **Die Kirche verkündigt Jesus als den von den Toten Auferstandenen. Durch die Auferstehung bestätigt Gott Jesus und eröffnet eine neue Periode des missionarischen Gehorsams, bis er wiederkommt** (Apg 1, 11). Die Macht

Mission und Evangelisation: eine ökumenische Erklärung 15

des auferstandenen und gekreuzigten Christus ist jetzt freigesetzt. Es ist die Wiedergeburt zu einem neuen Leben, denn wie er unsere Verlorenheit ans Kreuz nahm, so nahm er uns in seiner Auferstehung auch in ein neues Leben. «Ist jemand in Christus, so ist er eine neue Kreatur; das Alte ist vergangen, siehe, es ist alles neu geworden!» (2. Kor 5, 17) (Anhang 4)

Die Verkündigung des Evangeliums ruft die Menschen dazu auf, auf diesen Jesus zu schauen und ihr Leben ihm zu übergeben, in das Reich einzutreten, dessen König im machtlosen Kind von Bethlehem, in dem am Kreuz Gemordeten gekommen ist.

Ökumenische Überzeugungen
9. In den ökumenischen Diskussionen und Erfahrungen haben es die Kirchen mit ihren unterschiedlichen Bekenntnissen und Traditionen und in ihren vielfältigen Ausformungen als Gemeinden, monastische Gemeinschaften, religiöse Orden etc. gelernt, sich gegenseitig als Teilnehmer an der einen weltweiten Missionsbewegung anzuerkennen. *So können sie gemeinsam ein ökumenisches Verständnis von christlicher Mission bekräftigen, das sich in den folgenden Überzeugungen ausdrückt, mit denen sie sich zur Arbeit für das Reich Gottes verpflichten.*

1. Bekehrung
10. Die Verkündigung des Evangeliums beinhaltet die Einladung, in einer persönlichen Entscheidung die rettende Herrschaft Christi anzuerkennen und anzunehmen. Es ist die Ansage einer persönlichen, vom Heiligen Geist bewirkten Begegnung mit dem lebendigen Christus, der Empfang seiner Vergebung und die persönliche Annahme des Rufes zur Nachfolge und einem Leben im Dienst. Gott wendet sich an jedes seiner Kinder besonders, ebenso aber auch an die ganze Menschheit. **Jeder Mensch hat das Recht, die Gute Nachricht zu hören.** Viele gesellschaftliche Kräfte drängen heute in Richtung auf Konformität und Passivität. Massen von armen Menschen sind ihres Rechtes beraubt worden, über ihr Leben und das Leben ihrer Gesellschaft zu entscheiden. Während Anonymität und das An-den-Rand-gedrängt-Sein die Möglichkeiten für persönliche

Entscheidungen auf ein Minimum zu reduzieren scheinen, kennt Gott als der Vater jedes seiner Kinder und ruft jedes einzelne auf, in der Gemeinschaft seines Volkes ihm und seinem Reich eine grundsätzliche persönliche Treueerklärung abzugeben.

11. Während die grundlegende Erfahrung der Bekehrung die gleiche ist, unterscheiden sich das Bewusstsein von einer in Christus geoffenbarten Begegnung mit Gott, die konkrete Gelegenheit dieser Erfahrung und ihre eigentliche Erscheinungsform je nach unserer persönlichen Lage. **Der Ruf zielt auf bestimmte Veränderungen, nämlich der Herrschaft der Sünde in unserem Leben abzusagen und Verantwortung zu übernehmen, die der Liebe Gottes für unseren Nächsten entspricht.** Johannes der Täufer sagte den Soldaten sehr genau, was sie tun sollten; Jesus zögerte nicht, dem reichen Jüngling zu zeigen, dass sein Reichtum das Hindernis für seine Jüngerschaft war.

> Bekehrung geschieht inmitten unserer geschichtlichen Wirklichkeit und umfasst die Ganzheit unseres Lebens, denn Gottes Liebe gilt dieser Ganzheit. Jesu Ruf ist eine Einladung, ihm freudig nachzufolgen, eine Einladung zur Teilhabe an seiner Knechtsgestalt, eine Einladung, sich mit ihm am Kampf zur Überwindung von Sünde, Armut und Tod zu beteiligen.

12. Die Wichtigkeit dieser Entscheidung wird durch die Tatsache hervorgehoben, dass Gott selbst durch seinen Heiligen Geist zur Annahme seines Angebots der Gemeinschaft verhilft. Das Neue Testament nennt dies eine neue Geburt (Joh 3,3). Man nennt sie auch Umkehr, Metanoia, völlige Änderung unserer Haltungen und Lebensweisen. Bekehrung im Sinne eines dynamischen und fortdauernden Prozesses «beinhaltet ein sich Wegwenden und ein sich Hinwenden. Sie bedeutet immer, Loyalität zu übertragen und durch den Glauben an Jesus Christus ein Bürger im Reiche Gottes zu werden. Bekehrung beinhaltet, unsere eigene Sicherheit hinter uns zu lassen (Mt 16, 24) und uns dem Leben im Glauben auszuliefern».[5] Es handelt sich um «die Bekehrung von einem Leben, das durch Sünde, Trennung von Gott, Unterworfenheit unter das Böse und Zurückbleiben hinter den Möglichkeiten, die der zum Bilde Gottes geschaffene Mensch hat, gekennzeichnet ist, zu einem

neuen Leben, das durch Vergebung der Sünde, Gehorsam gegenüber den Geboten Gottes, erneuerte Gemeinschaft mit dem dreieinigen Gott, Wachstum in der Wiederherstellung des göttlichen Bildes und Verwirklichung der Liebe Christi gekennzeichnet ist.»[6]
Der Ruf zur Bekehrung als ein Ruf zur Busse und zum Gehorsam sollte auch an Nationen, Gruppen und Familien gerichtet werden. Die Notwendigkeit der Umkehr vom Krieg zum Frieden, von der Ungerechtigkeit zur Gerechtigkeit, vom Rassismus zur Solidarität, vom Hass zur Liebe zu verkünden, ist ein Zeugnis, das für Jesus Christus und für sein Reich gegeben wird. Die Propheten des Alten Testaments wandten sich beständig an das kollektive Gewissen des Volkes Israel, indem sie die Herrschenden und das Volk zur Busse und zur Erneuerung des Bundes riefen.

13. Viele zu Christus Hingezogene werden abgestossen durch das, was sie im Leben der Kirchen wie auch der einzelnen Christen sehen. Wieviele von den Millionen Menschen in der Welt, die Jesus Christus nicht bekennen, haben ihn aufgrund dessen zurückgewiesen, was sie im Leben von Christen sahen! **So muss der Ruf zur Bekehrung mit der Busse derer beginnen, die rufen, die die Einladung aussprechen.** Die Taufe ist in sich selbst ein einmaliger Akt, nämlich der Bund, dass sich Christen fortan nicht mehr selbst gehören, sondern mit dem Blut Christi für immer erkauft worden sind und Gott gehören. Aber die Erfahrung der Taufe sollte ständig nachvollzogen werden, indem wir täglich mit Christus der Sünde, uns selbst und der Welt sterben und mit ihm wieder auferstehen in die Knechtsgestalt Christi, um ein Segen für die uns umgebende Gemeinschaft zu werden.

> Die Erfahrung der Bekehrung vermittelt den Menschen in allen Lebenslagen einen Sinn, gibt ihnen Ausdauer, der Unterdrückung zu widerstehen, und die Gewissheit, dass sogar der Tod keine endgültige Macht über das menschliche Leben hat, weil Gott in Christus schon unser Leben mit sich genommen hat als ein Leben, «verborgen mit Christus in Gott» (Kol 3, 3).

18 Erklärungen zur christlichen Mission

2. Das Evangelium für alle Lebensbereiche

14. In der Bibel war religiöses Leben niemals auf den Tempel beschränkt oder vom täglichen Leben isoliert (Hos 6,4-6; Jes 58,6-7). **Was Jesus über das Reich Gottes gelehrt hat, ist ein deutlicher Hinweis auf Gottes liebende Herrschaft über die ganze menschliche Geschichte. Wir können unser Zeugnis nicht auf einen vermeintlichen Privatbereich des Lebens begrenzen. Die Herrschaft Christi muss in allen Lebensbereichen verkündigt werden.** Im Missionsbefehl sagte Jesus zu seinen Jüngern: «Mir ist gegeben alle Gewalt im Himmel und auf Erden. Darum gehet hin und machet zu Jüngern alle Völker; taufet sie auf den Namen des Vaters und des Sohnes und des Heiligen Geistes und lehret sie halten alles, was ich euch befohlen habe. Und siehe, ich bin bei euch alle Tage bis an der Welt Ende (Mt 28,19-20). Die Gute Nachricht vom Reich ist eine Herausforderung an die Strukturen der Gesellschaft (Eph 3,9-10; 6,12) wie auch ein Bussruf an einzelne. «Wenn also die Erlösung von der Sünde durch göttliche Vergebung wirklich und wahrhaftig persönlich sein soll, dann muss sie in der Erneuerung dieser Beziehungen und Strukturen ihren Ausdruck finden. Solche Erneuerung ist nicht lediglich eine Folgeerscheinung, sondern integraler Bestandteil der Bekehrung des ganzen Menschen.»[7]

15. «Das evangelistische Zeugnis richtet sich an die gesamte Schöpfung *(ktisis)*, die sehnsüchtig darauf wartet, dass Gott uns als seine Kinder annimmt und erlöst... Die verändernde Macht des Heiligen Geistes will bis in die entferntesten und verborgensten Ecken unseres staatlichen Lebens reichen... Das evangelistische Zeugnis wendet sich auch an die Strukturen dieser Welt, ihre wirtschaftlichen, politischen und gesellschaftlichen Institutionen...Wir müssen wieder von den Kirchenvätern lernen, dass die Kirchen der Mund und die Stimme der Armen und Unterdrückten gegenüber den Mächten dieser Welt sind. In einer unserer Zeit angemessenen Form müssen wir wieder lernen, wie wir im Interesse des Volkes 'Ratgeber des Königs' werden können... Der Zweck der Sendung Christi war nichts Geringeres, als die Welt in Gottes Leben hineinzunehmen».[8]

16. In Erfüllung ihres Auftrags ist die Kirche dazu aufgerufen, Gute Nachricht in Jesus Christus, Vergebung, Hoffnung, einen

neuen Himmel und eine neue Erde anzukündigen; sie soll Machthaber und Gewalten, Sünde und Ungerechtigkeiten anklagen; sie soll Witwen und Waisen trösten und die, welche zerbrochenen Herzens sind, heilen und wieder aufrichten; und sie soll das Leben inmitten des Todes feiern. Bei der Ausführung dieser Aufgaben können Kirchen auf Begrenzungen und Einschränkungen, ja sogar auf Verfolgung durch die herrschenden Mächte treffen, die vorgeben, letztgültige Autorität über das Leben und Schicksal von Menschen zu haben.

17. In einigen Ländern wird Druck mit der Absicht ausgeübt, Religion auf das Privatleben der Gläubigen zu beschränken – mit der Behauptung, dass Glaubensfreiheit schon genug sei. Der christliche Glaube stellt diese Anmassung in Frage. **Die Kirche nimmt für sich das Recht und die Pflicht in Anspruch, öffentlich sichtbar zu existieren und sich offen zu Fragen zu äussern, die für die Menschen von Bedeutung sind.** «Christus heute bekennen, bedeutet, dass uns der Geist... ringen lässt mit Sünde und Vergebung, Macht und Machtlosigkeit, Ausbeutung und Elend, der universalen Suche nach Identität, dem weitverbreiteten Fehlen christlicher Motivation und den spirituellen Sehnsüchten derer, die den Namen Christi nicht gehört haben. Es bedeutet, dass wir Gemeinschaft mit den Propheten haben, die Gottes Willen und Verheissung für Menschheit und Gesellschaft verkündet haben, mit den Märtyrern, die ihr Bekenntnis mit Leiden und Tod besiegelt haben, und auch mit den Zweifelnden, die seinen Namen nur flüsternd bekennen können».[9]

18. Der Bereich von Wissenschaft und Technik verdient heute besondere Aufmerksamkeit. Das alltägliche Leben der meisten Kinder, Frauen, Männer, seien sie reich oder arm, wird von der Lawine wissenschaftlicher Entdeckungen beeinflusst. Die Pharmazeutik hat das sexuelle Verhalten revolutioniert. Immer höher entwickelte Computer lösen Aufgaben in Sekunden, für die man früher ein ganzes Leben gebraucht hat. Gleichzeitig erlauben sie das Eindringen in die Privatsphäre von Millionen Menschen. Die Kernkraft bedroht das Überleben des Lebens auf diesem Planeten, während sie gleichzeitig eine neue Energiequelle erschliesst. Die biologische Forschung steht auf der furcht einflössenden Schwelle zum Eingriff in den genetischen Code, der – zum

guten oder schlechten – die ganze menschliche Spezies verändern konnte. Wissenschaftler suchen deshalb nach ethischer Führung. Hinter den Fragen nach richtigen oder falschen Entscheidungen und Haltungen stehen jedoch theologische Fragen: Was ist der Sinn menschlicher Existenz? Was ist das Ziel der Geschichte? Was ist die echte Wirklichkeit innerhalb dessen und über das hinaus, was empirisch getestet und quantifiziert werden kann? Die ethischen Fragen ergeben sich aus der Suche nach einer neuen Weltsicht, nach einem Glauben.

19. Die biblischen Geschichten und die alten Glaubensbekenntnisse vermitteln wertvolle Erkenntnisse für die Bezeugung des Evangeliums in der wissenschaftlichen Welt. Können Theologen jedoch mit diesen Erkenntnissen Wissenschaftlern zu verantwortlichem Handeln in der Gentechnik oder Atomphysik verhelfen? Das erscheint kaum möglich, solange die grosse Kommunikationslücke zwischen den beiden Gruppen weiterbesteht. Die direkt an der wissenschaftlichen Forschung Beteiligten und die unmittelbar davon Betroffenen können am besten die Erkenntnisse des christlichen Glaubens in Gestalt spezifischer ethischer Positionen erkennen und erklären.

Christliches Zeugnis wird auf Jesus hinweisen, in dem sich wahre Menschlichkeit geoffenbart und der nach Gottes Weisheit das Zentrum der ganzen Schöpfung ist, «das Haupt über alle Dinge» (Eph 1,10; 22f). Dieses Zeugnis wird darauf hinweisen, dass Haushalterschaft über diese Erde für die Menschen eine Ehre ist, aber zugleich auch Bescheidenheit verlangt.

3. Die Kirche und ihre Einheit in Gottes Mission

20. Die Botschaft vom Reich Gottes annehmen heisst, in den Leib Christi, die Kirche, eingefügt werden, deren Urheber und Erhalter der Heilige Geist ist (Anhang 5): Die Kirchen sollen ein Zeichen für die Welt sein. Sie sollen Fürbitte tun wie er und dienen, wie er es tat. **So ist christliche Mission das Handeln des Leibes Christi in der Geschichte der Menschheit – eine Fortführung von Pfingsten. Diejenigen, die durch Bekehrung und Taufe das Evangelium von Jesus annehmen, haben Teil am Leben des Leibes Christi und nehmen Teil an einem Prozess, der durch die Geschichte voranschreitet.** Bedauerlicherweise gibt es in der

Kirchengeschichte viel Verrat an dieser hohen Berufung. Viele, die von der Vision des Reiches angezogen werden, finden es schwer, sich zu der konkreten Wirklichkeit der Kirche hinziehen zu lassen. Sie sind eingeladen, in einen fortdauernden Prozess der Erneuerung der Kirchen einzutreten. «Die eigentliche Herausforderung an die Kirchen besteht nicht darin, dass die moderne Welt an der evangelistischen Botschaft uninteressiert wäre, sondern die Herausforderung liegt in der Frage, ob die Kirchen in ihrem Leben und Denken so weit erneuert sind, dass sie ein lebendiges Zeugnis für die Integrität des Evangeliums geworden sind. Die evangelisierenden Kirchen müssen selbst die gute Nachricht neu empfangen und es dem Heiligen Geist erlauben, ihr Leben neu zu schaffen, wann und wo er will.»[10] (Anhang 6)

21. Die Eucharistiefeier ist der Ort für die Erneuerung der missionarischen Überzeugung im Kern jeder Gemeinde. Nach dem Apostel Paulus ist die Feier der Eucharistie in sich selbst eine Verkündigung von «des Herrn Tod, bis dass er kommt» (1. Kor 11,26). «So speist Gott sein Volk, wenn es das Geheimnis der Eucharistie feiert, so dass es in Wort und Tat bekennen kann, dass Jesus der Herr ist, zur Ehre Gottes des Vaters».[11] (Anhang 7)

Die Eucharistie ist Speise für Missionare. Mit tiefem Schmerz gestehen wir die Tatsache, dass sich Christen nicht am Tisch des Herrn zusammensetzen. Das widerspricht dem Willen Gottes und schwächt den Leib Christi. Die Glaubwürdigkeit unseres christlichen Zeugnisses steht auf dem Spiel.

---

22. Christen sind dazu aufgerufen, für die Erneuerung und Umgestaltung der Kirchen zu arbeiten. Heute kann man viele Anzeichen für das Wirken des Heiligen Geistes in solchen Erneuerungen finden. *Die Hausversammlungen der Kirche in China oder die Basisgemeinden in Lateinamerika, die liturgische Erneuerung, die biblische Erneuerung, das Wiedererstehen der monastischen Berufung, die charismatische Bewegung – all das sind Zeichen von Erneuerungsmöglichkeiten der Kirche Jesu Christi.*

23. Die Versöhnung in Jesus Christus der Welt zu verkünden, bedeutet für die Kirchen, dass sie selbst aufgefordert sind, sich zu vereinen. Angesichts der Herausforderungen und Bedrohungen der Welt vereinen sich Kirchen zwar oft zur Verteidigung gemeinsamer Positionen. **Doch sollte die natürliche Konsequenz ihrer Einheit mit Christus in seiner Sendung das gemeinsame Zeugnis sein.** Die ökumenische Erfahrung hat die Wirklichkeit einer tiefen geistlichen Einheit entdecken lassen. Die gemeinsame Anerkennung der Autorität der Schrift und der altkirchlichen Bekenntnisse und eine wachsende Annäherung in Lehraussagen sollte den Kirchen nicht nur ermöglichen, gemeinsam die Grundlagen des christlichen Glaubens zu kräftigen, sondern auch gemeinsam die Gute Nachricht von Jesus Christus der Welt zu verkündigen. In Solidarität helfen die Kirchen einander in ihrem jeweiligen Zeugnis vor der Welt. In gleicher Solidarität sollten sie ihren geistlichen und materiellen Besitz teilen, um miteinander und deutlich ihre gemeinsame Hoffnung und gemeinsame Berufung zu verkündigen.

24. «Oft ist es sozial und politisch schwieriger, gemeinsam Zeugnis zu geben, da die Mächte dieser Welt die Trennung fördern. In solchen Situationen ist das gemeinsame Zeugnis besonders wertvoll und christusgemäss. Ein Zeugnis, das es wagt, ein gemeinsames zu sein, ist ein kraftvolles Zeichen der Einheit, das direkt und sichtbar von Christus kommt und ein Abglanz von seinem Reich ist».[12]

Der Impuls zum gemeinsamen Zeugnis kommt aus der Tiefe unseres Glaubens. «Seine Dringlichkeit wird unterstrichen, wenn wir uns den Ernst der Lage der Menschheit heute bewusst machen und uns die ungeheure Aufgabe vor Augen halten, die auf die Kirche heute wartet.»[13]

25. Es gehört zum Kern christlicher Mission, die Vermehrung von Ortsgemeinden in jeder menschlichen Gemeinschaft zu fördern. Die Aussaat des Evangeliums wird ein Volk hervorbringen, das um Wort und Sakramente versammelt ist und berufen ist, Gottes offenbarten Plan anzukündigen.

Dank des treuen Zeugnisses von Jüngern durch die Zeiten hindurch sind in praktisch jedem Land Kirchen entstanden. **Dieser Sämannsdienst muss fortgesetzt werden bis dereinst in jeder menschlichen Gemeinschaft eine Zelle des Reiches, eine Kirche,** besteht, die Jesus Christus bekennt und in seinem Namen seinem Volk dient. Der Aufbau der Kirche an jedem Ort ist für das Evangelium wesentlich. Das stellvertretende Werk Christi erfordert die Präsenz eines stellvertretenden Volkes. Ein unerlässliches Werkzeug zur Erfüllung der missionarischen Berufung der Kirche ist die Ortsgemeinde.

26. Die Einpflanzung der Kirche in verschiedene Kulturen erfordert eine positive Haltung im Blick auf die Inkulturation des Evangeliums. Die Alten Kirchen haben durch enge Verbindung mit der Kultur und den Hoffnungen ihres Volkes über jahrhunderte hinweg unter Beweis gestellt, welche starke Zeugniskraft aus dieser Verwurzelung der Kirchen im nationalen Boden erwachst. «Inkulturation hat ihre Quelle und Inspiration im Geheimnis der Inkarnation. Das Wort ward Fleisch, Fleisch bedeutet hier die völlig konkrete, menschliche und geschöpfliche Wirklichkeit, die Jesus war. Inkulturation wird deshalb zu einer anderen Weise, christliche Mission zu beschreiben. Wenn die Verkündigung Mission unter der Perspektive des zu verkündigenden Wortes sieht, dann sieht Inkulturation die Mission unter der Perspektive des Fleisches oder der konkreten Verleiblichung, die das Wort in einer bestimmten individuellen Gemeinschaft, Institution oder Kultur annimmt».[14]

Inkulturation sollte nicht als ein rein intellektuelles Bemühen verstanden werden, vielmehr geschieht sie, wenn Christen ihrem Glauben in den Symbolen und Bildern ihrer jeweiligen Kultur Ausdruck verleihen. *Der beste Weg, um den Prozess der Inkulturation anzuregen, ist die Teilnahme am Kampf der Unterprivilegierten um ihre Befreiung. Solidarität ist der beste Lehrmeister für gemeinsame kulturelle Werte.*

27. Diese wachsende kulturelle Mannigfaltigkeit könnte einige Schwierigkeiten bereiten. In unserem Versuch, die Katholizität der Kirche zum Ausdruck zu bringen, können wir den Sinn für ihre Einheit verlieren. **Aber die angestrebte Einheit ist nicht Uniformität, sondern der vielgestaltige Ausdruck eines gemeinsamen Glaubens und einer gemeinsamen Mission.**

> «Wir haben erkannt, dass dieses Christusbekenntnis aus unseren verschiedenen Kontexten heraus uns nicht nur gegenseitig inspiriert, sondern auch korrigiert. Ohne diesen

Austausch würde unser umweltbedingtes Bekenntnis allmählich ärmer und enger werden. Wir brauchen einander, um die verlorene Fülle des Bekenntnisses zu Christus wiederzuerlangen und neue Dimensionen zu entdecken, die uns bisher fremd waren. Wenn wir so miteinander austauschen, werden wir alle verändert, und unsere Kulturen werden verwandelt.»[15]

Die Vision von den Völkern, die vom Osten, Westen, Norden und Süden kommen, um beim grossen Abendmahl des Reiches zu sitzen, sollte uns bei unseren missionarischen Bemühungen immer vor Augen stehen.

4. Mission nach der Weise Christi

28. «Gleichwie mich der Vater gesandt hat, so sende ich euch» (Joh 20,21). Die Selbstentäusserung des Knechtes, der im Volk lebte, seine Hoffnungen und Leiden teilte, am Kreuz sein Leben für die ganze Menschheit gab – das was Christi Weise der Verkündigung der Guten Nachricht, und als Jünger sind wir dazu aufgerufen, denselben Weg zu gehen. «Der Knecht ist nicht grösser als sein Herr, noch der Apostel grösser als der, der ihn gesandt hat» (Joh 13,16).

Unser Gehorsam in der Mission sollte sich nach dem Beispiel des Dienstes und der Lehre Jesu richten. Er gab seine Liebe und seine Zeit allen Menschen. Er lebte die Witwe, die ihre letzte Münze dem Tempel gab; er empfing Nikodemus in der Nacht; er berief Matthäus in das Apostelamt; er besuchte Zachäus in seinem Haus; in besonderer Weise war er für die Armen da, indem er sie tröstete, stärkte und aufrief. Er brachte lange Stunden im Gebet zu und lebte in Abhängigkeit von und bereitwilligem Gehorsam gegenüber Gottes Willen.

Jegliche imperialistische Kreuzzugsmentalität war ihm fremd. **Die Kirchen haben die Freiheit, die Vorgehensweisen auszuwählen, die sie am geeignetsten zur Verkündigung des Evangeliums für unterschiedliche Menschen in unterschiedlichen Verhältnissen halten. Aber diese Wahlmöglichkeiten sind nie neutral. Jede Methode macht das Evangelium, das wir ver-**

künden, anschaulich oder verrät es. Bei jeder Art, das Evangelium weiterzugeben, muss Macht immer der Liebe untergeordnet werden.

29. Unter dem Einfluss der neuen Kommunikationstechniken und ihren Anwendungsmöglichkeiten erleben unsere Gesellschaften einen eingreifenden und schnellen Wandel. Wir kommen in das Zeitalter der Informationsgesellschaft, das von einer ständig wachsenden Medienpräsenz in allen Beziehungen, sowohl den zwischenmenschlichen als auch den innergesellschaftlichen, geprägt wird. Christen müssen ihre Verantwortung für alle Kommunikationsprozesse kritisch überdenken und die Werte der christlichen Kommunikation neu definieren. Wenn sie sich all der neuen Medienmöglichkeiten bedient, muss die Kommunikation betreibende Kirche sicherstellen, dass ihre Kommunikationsinstrumente nicht Herren sondern Diener der Verkündigung des Reiches Gottes und seiner Werte sind. Als Diener werden die neuen Medienmöglichkeiten – in ihren eigenen Grenzen gehalten – dabei helfen, Gesellschaften von Kommunikationsabhängigkeit zu befreien, und sie werden den Gemeinschaften Werkzeuge für das Zeugnis von Jesus Christus an die Hand geben.

30. Evangelisation ereignet sich im zwischenmenschlichen Bereich, wenn der Heilige Geist zum Glauben erweckt. Durch das Teilen der Sorgen und Freuden des Lebens, durch Identifikation mit dem Volk, kann man das Evangelium verstehbar machen und weitervermitteln.

Oft sind die hauptsächlichen Verkündiger gerade die, die wenig Aufhebens machen, die nicht-sensationellen Leute, die sich beständig in kleinen, füreinander sorgenden Gemeinschaften versammeln, deren Leben zu der Frage veranlasst: «Was ist die Quelle für den Sinn eures Lebens? Was für eine Macht wirkt in eurer Machtlosigkeit?» Und das gibt die Gelegenheit, den Namen zu nennen. Austausch von Erfahrungen offenbart, wie oft Christus in der tiefen Stille einer Gefängniszelle oder von einer in ihrer Bewegungsfreiheit eingeschränkten, aber dienenden, wartenden und betenden Kirche bekannt wird.

Mission verlangt nach einer dienenden Kirche in jedem Land, einer Kirche, die bereit ist, mit den Stigmata (den Wundmalen) des gekreuzigten und auferstandenen Herrn gezeichnet zu werden. So wird die Kirche zeigen, dass sie zu der Bewegung der Liebe Gottes gehört, wie sie in Christus offenbart wurde, der an den Rand des Lebens ging. Indem er draussen vor dem Tor starb (Heb 13,12), ist er der Hohepriester, der sich selbst für das Heil der Welt hingibt. Ausserhalb der Stadttore wird die Botschaft von einer selbsthingebenden, teilenden Liebe wahrhaftig verkündigt, und hier ergreift die Kirche neu ihre Berufung, Leib Christi in fröhlicher Gemeinschaft mit dem auferstandenen Herrn zu sein (1. Job 3,16).

5. *Gute Nachricht für die Armen*

31. Ein neues Bewusstsein von der wachsenden Kluft zwischen Reichtum und Armut ist unter den Nationen, aber auch innerhalb jeder Nation entstanden. Die grausame Wirklichkeit ist, dass die Zahl der Menschen ständig wächst, welche das materielle Minimum für ein normales menschliches Leben nicht erreichen. Eine zunehmende Zahl von Menschen findet sich an den Rand gedrängt, Bürger zweiter Klasse, die nicht in der Lage sind, ihr eigenes Schicksal zu bestimmen, und die nicht verstehen, was um sie herum vor sich geht. Rassismus, Machtlosigkeit, Einsamkeit, Zerbrechen von Familien und Gemeinschaftsbindungen, sind neue Anzeichen für das An-den-Rand-gedrängt-Sein, das unter die Kategorie der Armut fällt.

32. Da ist ferner das unselige Zusammentreffen, dass die meisten Armen der Welt die Gute Nachricht des Evangeliums von Jesus Christus nicht gehört haben; oder sie konnten sie nicht empfangen, weil sie durch die Art der Überbringung nicht als Gute Nachricht erkannt wurde. Das ist eine doppelte Ungerechtigkeit: Sie sind Opfer der Unterdrückung durch eine ungerechte Wirtschaftsordnung oder eine ungerechte politische Machtverteilung, und gleichzeitig wird ihnen das Wissen von Gottes besonderer Fürsorge für sie vorenthalten. Den Armen die Gute Nachricht verkündigen heisst, damit anfangen, ihnen die ihnen zustehende Gerechtigkeit angedeihen zu lassen. Die Kirche Jesu Christi ist dazu berufen, den Armen die Gute Nachricht zu verkündigen und dabei dem Beispiel ihres Herrn zu folgen, der Mensch wurde als Armer, der als einer unter ihnen lebte und ihnen die Verheissung des Reiches Gottes

brachte. **Jesus sah auf die breite Masse voll tiefstem menschlichen Mitgefühl. Er erkannte die Armen als diejenigen, gegen die gesündigt wurde, Opfer sowohl persönlicher als auch struktureller Sünde.**

Aus diesem tiefen Wissen kam sowohl seine Solidarität als auch sein Ruf an sie (Mt 11,28). Sein Ruf war ein persönlicher. Er lud sie ein, zu ihm zu kommen, Vergebung für ihre Sünden zu empfangen und eine Aufgabe zu übernehmen. Er rief sie in seine Nachfolge, weil seine Liebe seinen Respekt für sie als Menschen beinhaltete, die von Gott mit der Freiheit zur Antwort geschaffen sind. Er rief sie auf, diese Verantwortung vor Gott, gegenüber ihren Nächsten und ihrem eigenen Leben wahrzunehmen. **Die Verkündigung des Evangeliums unter den Armen ist ein Zeichen des messianischen Reiches und ein Prioritätskriterium, an dem heute gemessen wird, was unser missionarisches Engagement wert ist** (Anhang 8).

33. Sich dessen neu bewusst zu werden, bringt es zugleich mit sich, dass die Prioritäten und Verhaltensweisen überprüft werden müssen, sowohl in der Ortskirche als auch im weltweiten missionarischen Bemühen. Natürlich befinden sich Kirchen und Christen in sehr unterschiedlichen Kontexten: einige in sehr wohlhabenden Verhältnissen, wo die Erfahrung der Armut, wie sie Millionen in der heutigen Welt machen, praktisch unbekannt ist; oder in egalitären Gesellschaften, wo die Grundbedürfnisse des Lebens für fast jedermann sichergestellt scheinen; bis hin zu extremer Armut. Aber die Kenntnis der globalen Ausbreitung von Armut und Ausbeutung in der heutigen Welt, das Wissen um die gegenseitige Abhängigkeit der Nationen und das Verständnis für die internationale missionarische Verantwortung der Kirche – dies alles lädt ein, ja zwingt eigentlich jede Kirche und jeden Christen, nach Wegen und Mitteln Ausschau zu halten, um die Gute Nachricht mit den Armen von heute zu teilen. Ein objektiver Blick auf das Leben jeder Gesellschaft, sogar der reichsten wie auch der – wenigstens theoretisch – gerechteren, wird uns die Wirklichkeit der Armen heute zeigen in den An-den-Rand-Gedrängten, in den Aussteigern, die mit der modernen Gesellschaft nicht Schritt halten können, in den politischen und anderen aufgrund ihrer Überzeugung Gefangenen, in den Andersdenkenden. Sie alle warten auf ein Glas erfrischendes

Wasser oder auf einen Besuch im Namen Christi. **Durch die Armen der Erde lernen die Kirchen erneut, den alten Gegensatz zwischen Verkündigung des Evangeliums und sozialem Handeln zu überwinden. Das «geistliche Evangelium» und das «materielle Evangelium» waren bei Jesus ein Evangelium.**

> 34. Es gibt keine Verkündigung des Evangeliums ohne Solidarität. Und es gibt keine christliche Solidarität, die nicht die Weitergabe der Kunde von dem Reich einschliesst, Gottes Verheissung an die Armen dieser Erde. Hier haben wir einen doppelten Glaubwürdigkeitstest: Eine Verkündigung, die nicht die Verheissungen der Gerechtigkeit des Reiches für die Armen dieser Erde hervorhebt, ist ein Zerrbild des Evangeliums; aber christliche Teilnahme am Ringen um Gerechtigkeit, die nicht auf die Verheissungen des Reiches hinweist, ergibt ebenfalls ein Zerrbild des christlichen Verständnisses von Gerechtigkeit.

Ein wachsender Konsens unter Christen heute spricht von Gottes Vorliebe für die Armen.[16] Damit haben wir einen gültigen Massstab, den wir an unser Leben als einzelne Christen, als örtliche Gemeinden und als Missionsleute Gottes in der Welt anlegen können.

35. Dieser Kernpunkt, Gottes Vorliebe für die Armen, wirft die Frage auf nach dem Evangelium für diejenigen, die objektiv nicht arm sind oder sich nicht als arm betrachten. *Es ist klare christliche Überzeugung, dass Gott will, dass alle Menschen gerettet werden und zur Erkenntnis der Wahrheit kommen. Aber auch wenn seine Absicht das Heil für alle ist, so hat er doch geschichtlich durch das Volk Israel und durch die Menschwerdung seines eigenen Sohnes Jesus Christus gewirkt. Wahrend seine Absicht universell ist, ist sein Handeln immer partikulär.* Was wir heute neu lernen, ist, dass Gott durch die Niedergetretenen, die Verfolgten, die Armen dieser Erde wirkt. Und von da aus ruft er die ganze Menschheit, ihm zu folgen. «Will mir jemand nachfolgen, der verleugne sich selbst und nehme sein Kreuz auf sich und folge mir» (Mt 16,24).

> Für uns alle ist die Einladung klar: Jesus nachfolgen in der Identifikation und im Teilen mit den Schwachen, den An-den-Rand-Gedrängten und Armen der Welt, weil wir in ihnen ihm begegnen. Vom Evangelium her und aus geschichtlicher Erfahrung wissen wir, dass reich sein das Risiko beinhaltet, das Reich zu verspielen. Und wissend, wie eng in der heutigen Welt die Verbindungen zwischen dem Überfluss einiger und der Bedürftigkeit anderer sind, werden Christen herausgefordert, alles was sie sind und haben, dem Reich zu überlassen und ihm zu folgen in einen Kampf, der uns gegen alle Ungerechtigkeit und Not verpflichtet. Die Vorliebe für die Armen bedeutet keine Diskriminierung aller anderen Menschen. Sie ist ganz im Gegenteil ein Leitfaden für die Prioritäten und für das Verhalten aller Christen überall. Dieser Leitfaden verweist auf die Werte, um die herum wir unser Leben einrichten, und auf den Kampf, in dem wir unsere Energie einsetzen sollten.

36. Die Kirche hat eine lange Erfahrung mit der freiwilligen Armut, mit Menschen, die in Gehorsam gegenüber ihrer christlichen Berufung all ihr Eigentum wegwerfen und das Schicksal der Armen dieser Erde auf sich nehmen, einer der ihren werden und mit ihnen leben. Freiwillige Armut wurde immer als eine Quelle geistlicher Inspiration, des Einblicks in das Zentrum des Evangeliums anerkannt.

Heute, da die Kirchen unter den Armen der Erde wachsen, sind wir dankbar überrascht über die Erkenntnis und die Sicht des Evangeliums, wie sie von den Gemeinschaften der Armen kommen. Sie entdecken Dimensionen des Evangeliums, die in der Kirche lange vergessen waren. Die Armen der Erde lesen die Wirklichkeit von der anderen Seite, aus der Sicht derer, die nicht die Aufmerksamkeit der von den Eroberern geschriebenen Geschichtsbücher, aber sicher Gottes Aufmerksamkeit im Buch des Lebens erhalten. Mit den Armen zu leben und die Bibel aus ihrer Sicht zu verstehen, verhilft zur Entdeckung der besonderen Fürsorge, mit der Gott im Alten wie im Neuen Testament der An-den-Rand-Gedrängten, der Niedergetretenen und der Entrechteten gedenkt. Wir begreifen, dass die Armen, denen Jesus das Reich Gottes verheissen hat, in ihrem Verlangen nach Gerechtigkeit und in ihrer Hoffnung auf Befreiung gesegnet sind. Sie sind sowohl Gegenstand als auch Träger der Guten Nachricht. Sie haben das Recht und die Pflicht, das Evangelium nicht nur unter sich, sondern auch in allen anderen Bereichen der Menschheitsfamilie zu verkündigen.

Kirchen der Armen breiten das befreiende Evangelium von Jesus Christus an fast allen Enden der Erde aus. Der Reichtum und die Frische ihrer Erfahrung sind Anregung und Segen für Kirchen mit jahrhundertealter Geschichte. Die Zentren der missionarischen Ausbreitung der Kirche bewegen sich, von Norden nach Süden. **Gott wirkt durch die Armen der Erde, um das Bewusstsein der Menschheit für seinen Bussruf, für Gerechtigkeit und Liebe zu wecken.**

6. Mission in sechs Kontinenten

37. **Überall befinden sich die Kirchen in missionarischen Situationen.** Sogar in Ländern, in denen die Kirchen jahrhunderte tätig waren, sehen wir das Leben heute ohne Bezug zu christlichen Werten eingerichtet, ein Anwachsen des Säkularismus, verstanden als Fehlen jedes letzten Sinns. Die Kirchen haben den lebenswichtigen Kontakt mit den Arbeitern, der Jugend und vielen anderen verloren. Dies ist ein so dringliches Problem, dass die ökumenische Bewegung sich vordringlich damit befassen muss. Der Strom der Wanderarbeiter und der politischen Flüchtlinge schiebt die missionarische Grenze heute bis in jede Gemeinde vor. **Die christlichen Erklärungen über die weltweite missionarische Verantwortung der Kirche werden dann glaubwürdig sein, wenn sie sich durch ein ernsthaftes missionarisches Engagement zuhause als echt erweisen.**

In dem Masse wie die Welt kleiner wird, können sogar weit entfernt wohnende Christen ein überzeugendes missionarisches Engagement an einem gegebenen Ort mitverfolgen und davon angeregt werden. Von besonderer Bedeutung ist heute der Ausdruck der Solidarität zwischen Kirchen über politische Grenzen hinweg sowie symbolische Akte des Gehorsams einzelner Glieder des Leibes Christi, die das missionarische Werk anderer Bereiche der

Kirche beflügeln. Während z.B. Programme im Zusammenhang mit der Beseitigung des Rassismus für einige Kirchen offenbar ein Problem darstellen, sind solche Programme für andere Kirchen zu einem Zeichen der Solidarität, zu einer Gelegenheit zum Zeugnis und zu einem Prüfstein für christliche Glaubwürdigkeit geworden.

> Jede Ortsgemeinde braucht das Bewusstsein ihrer Katholizität, das dadurch zustande kommt, dass sie an der Mission der Kirche Jesu Christi in anderen Teilen der Welt teilnimmt. Durch ihr Zeugnis in ihrer eigenen Situation, durch ihre Fürbitte für Kirchen in anderen Teilen der Welt und indem sie Personen und Besitz für andere zur Verfügung stellt, nimmt sie umfassend Teil an der Weltmission der christlichen Kirche.

38. Dieses Interesse an der weltweiten Mission wurde in Frage gestellt mit einem Ruf nach einem Moratorium, einem – wenigstens zeitweiligen – Aussendungs- und Aufnahmestopp für Missionare und materielle Unterstützung über nationale Grenzen hinweg. Man wollte damit die Wiedergewinnung und Stärkung der Identität jeder Kirche, die Konzentration auf die Mission am eigenen Ort und das Überdenken traditioneller Beziehungen anregen. Die Lausanner Verpflichtung vermerkte dazu: «In einem Land, das das Evangelium gehört hat, kann es bisweilen notwendig sein, Missionare und Geld aus dem Ausland zu reduzieren, um den Gemeinden im Land die Möglichkeit zum selbständigen Wachstum zu geben und um Hilfen für Gebiete, die das Evangelium noch nicht gehört haben, freizusetzen».[17]

Moratorium bedeutet nicht das Ende der missionarischen Berufung noch unserer Verpflichtung, Unterstützung für die Missionsarbeit bereitzustellen; es bedeutet allerdings die Freiheit, bestehende Engagements zu überdenken und zu prüfen, ob es die richtige Art der Mission in unseren Tagen ist, das fortzuführen, was wir so lange getan haben. Das Moratorium muss als *Bestandteil* des Bemühens um Weltmission verstanden werden. **Die Treue der Hingabe für Christus in jeder eigenen nationalen Situation ist es, die missionarischen Interesse in anderen Teilen der Welt glaubwürdig macht. Es kann nie ein Moratorium der Mission geben, aber es wird immer möglich und manchmal nötig sein, ein Moratorium um einer besseren Mission willen zu fördern.**

39. Die Geschichte der Kirchen ist seit ihren frühesten Jahren die Geschichte der Glaubenstreue an ihren jeweiligen Orten, aber auch die Geschichte der Ausbreitung des Evangeliums über nationale und kontinentale Grenzen hinaus: Erst von Jerusalem nach Judäa und Samarien, dann nach Kleinasien, Afrika und Europa, und nun bin an die Enden der Welt. Die Christen heute sind die Erben der langen Geschichte derer, die ihre Heimatländer und Kirchen verliessen – Apostel, Mönche, Pilger, Missionare, Emigranten – um im Namen Jesu Christi zu arbeiten, indem sie dort dienten und predigten, wo man das Evangelium noch nicht gehört oder empfangen hatte. Mit der europäischen Kolonisation des grössten Teils der Welt und später mit der Ausweitung der kolonialen und neokolonialen Präsenz der westlichen Mächte haben die meist im Westen beheimateten Kirchen ihren missionarischen Dienst in alle Winkel der Erde ausgedehnt.

Gewiss, diese Entwicklung wurde von vielen Dunkelheiten begleitet, die noch weiterbestehen, nicht zuletzt die Sünde des Proselytismus zwischen den Konfessionen. Kirchen und Missionsorganisationen sind dabei, die Erfahrungen dieser vergangenen Jahrhunderte zu analysieren, um ihren Weg zu korrigieren, und zwar gerade mit Hilfe der neuen Kirchen, die in diesen Ländern entstanden sind. **Die Geschichte der Kirche, des missionarischen Volkes Gottes, muss weitergehen. Jede Ortsgemeinde, jeder Christ muss dazu herausgefordert werden, Verantwortung in der gesamten Mission der Kirche zu übernehmen. Es wird immer Bedarf sein an Menschen, denen der Ruf und die Gabe zuteil geworden ist, Grenzen zu überschreiten, um das Evangelium von Jesus mitzuteilen und in seinem Namen zu dienen** (Anhang 9).

40. Von diesem Verständnis her, die ganze Kirche in der Mission zu sein, erkennen wir die besondere Berufung von einzelnen oder Gemeinschaften an, die sich vollzeitlich einem Dienst der Kirche verschreiben, der sie kulturelle und nationale Grenzen überschreiten lässt. **Die Kirchen sollten es nicht zulassen, dass diese spezielle Berufung einiger weniger ein Alibi für die ganze Kirche wird, sondern sie sollte eher eine symbolische Konzentration der missionarischen Berufung der ganzen Kirche sein.** Was die Frage nach den Mitarbeitern in der Mission anbelangt, «erkennen

(wir) eine Änderung in der Richtung der Mission, die aus unserem Verständnis von Christus entsteht, der das Zentrum ist und der sich immer in Bewegung auf den Rand hin befindet. Während wir die bleibende Bedeutung und Notwendigkeit einer Gegenseitigkeit zwischen den Kirchen in den nördlichen und südlichen Hemisphären keineswegs verneinen wollen, meinen wir eine Entwicklung ausmachen zu können, in der Mission in den achtziger Jahren in zunehmenden Masse innerhalb dieser Regionen geschehen kann. Wir haben den Eindruck, dass es zunehmend Verbindungen zwischen den Kirchen Asiens, Afrikas und Lateinamerikas geben wird, unter denen es Reiche und Arme gibt. Wir erwarten, dass diese Entwicklung immer stärkere Initiativen aus den Kirchen der Armen und Unterdrückten am Rande entstehen lässt. Ähnlich kann zwischen den industrialisierten Ländern eine neue Gegenseitigkeit, besonders eine, die von den Randgruppen herrührt, zu einem Teilen am Rande der reicheren Gesellschaften führen. Während Mittel weiterhin von finanziell reicheren den ärmeren Kirchen zufliegen können und während es nicht unsere Absicht ist, Isolationismus zu fördern, meinen wir, dass ein Vorteil dieser neuen Wirklichkeit sehr wohl darin bestehen könnte, das Band der Vorherrschaft zu lockern, die so skandalös die Beziehung zwischen vielen Kirchen der nördlichen und südlichen Hemisphäre im einzelnen charakterisiert».[18]

7. Zeugnis unter Menschen anderen Glaubens

41. Christen schulden die Botschaft von Gottes Heil in Jesus Christus jedem Menschen und jedem Volk. Christen geben ihr Zeugnis im Umfeld von Nachbarn, die nach anderen religiösen Überzeugungen und ideologischen Grundsätzen leben. **Echtes Zeugnis folgt Jesus Christus, indem es die Einmaligkeit und Freiheit der anderen respektiert und bejaht.** Als Christen bekennen wir, dass wir oft nach dem Schlechten bei anderen geschaut und negative Urteile über andere Religionen gefällt haben. Wir hoffen, dass wir es als Christen lernen, unseren Nächsten gegenüber in demütigem, bussfertigem und fröhlichem Geist Zeugnis abzulegen (Anhang 10).

> 42. Das Wort ist in jedem Menschenleben am Werk. In Jesus von Nazareth wurde das Wort zu einem menschlichen Wesen. Das Wunder dieses Dienstes der Liebe veranlasst Christen, Menschen jeder religiösen oder nicht-religiösen Überzeugung diese entscheidende Gegenwart Gottes in Christus zu bezeugen. In ihm liegt unser Heil. Unter Christen gibt es noch immer Meinungsverschiedenheiten darüber, wie dieses Heil in Christus für Menschen unterschiedlicher religiöser Überzeugungen zugänglich ist. Aber alle sind sich darin einig, dass das Zeugnis allen gegeben werden muss.

43. Eine solche Haltung entspringt dem Vertrauen, dass Gott der Schöpfer des ganzen Universums ist und dass er sich nie und nirgendwo ohne Zeugen gelassen hat. **Der Geist Gottes ist immer am Werk auf Weisen, die menschliches Verständnis übersteigen, und an Orten, wo wir es am wenigsten erwarten. Wenn sie sich also in ein Dialogverhältnis mit anderen einlassen, dann suchen Christen die unergründlichen Reichtümer Gottes zu entdecken und die Weise, in der er mit der Menschheit umgeht.** Für Christen, die aus Kulturen kommen, die von einem anderen Glauben geprägt sind, findet ein noch viel intimerer innerer Dialog statt, wenn sie nämlich versuchen, in ihrem Leben die Verbindung zwischen ihrem kulturellen Erbe und den tiefen Überzeugungen ihres christlichen Glaubens zu knüpfen.

44. Die Christen sollten jede Gelegenheit benutzen, um mit ihren Nächsten zusammenzuarbeiten und gemeinsam Gemeinschaften der Freiheit, des Friedens und der gegenseitigen Achtung aufzubauen. In einigen Ländern behindert die staatliche Gesetzgebung die Gewissensfreiheit und die wirkliche Ausübung der Religionsfreiheit. Christliche Kirchen wie auch Gemeinschaften anderen Glaubens können ihrer Berufung nicht treu sein ohne die Freiheit und das Recht, ihre institutionelle Gestalt und konfessionelle Identität in der Gesellschaft aufrechtzuerhalten und ihren Glauben von einer Generation an die nächste weiterzugeben. In diesen schwierigen Situationen sollten Christen, zusammen mit anderen, einen Weg finden, um mit den staatlichen Behörden in ein Gespräch darüber zu kommen, wie eine gemeinsame Definition

von Glaubensfreiheit erreicht werden kann. Mit dieser Freiheit entsteht auch die Verantwortung, durch gemeinsames Handeln alle Menschenrechte in der jeweiligen Gesellschaft zu verteidigen (Anhang 11).

> 45. Das Zusammenleben mit Menschen anderen Glaubens und anderer Ideologien bedeutet ein Aufeinandertreffen von Loyalitäten. Zeugnisgeben kann kein Einbahnvorgang sein, sondern muss notwendigerweise in beiden Richtungen stattfinden; dabei werden sich die Christen einiger der tiefsten Überzeugungen ihrer Nächsten bewusst. Es ist auch die Gelegenheit, in der in einem Geist der Offenheit und des Vertrauens Christen in die Lage kommen, echtes Zeugnis zu geben, indem sie Rechenschaft von ihrer Bindung an Christus geben, der alle Menschen zu sich ruft.

Ausblick auf die Zukunft

46. Sei es unter den säkularisierten Massen der Industriegesellschaften; unter den sich herausbildenden neuen Ideologien, um die herum sich Gesellschaften einrichten; unter den wiedererstehenden Religionen, die von den Menschen angenommen werden; in den Bewegungen der Wanderarbeiter und politischen Flüchtlinge; in dem Suchen der Menschen nach Befreiung und Gerechtigkeit; in dem ungewissen Aufbruch der jüngeren Generation in eine Zukunft voller Verheissung, aber zugleich überschattet von der nuklearen Konfrontation – wo es auch immer sein mag: **Die Kirche ist dazu aufgerufen, gegenwärtig zu sein und die Bedeutung von Gottes Liebe in Jesus Christus für jeden Menschen und für jede Lebenssituation vernehmbar zu machen.**

47. Der missionarische Auftrag der Kirche und ihre evangelistische Berufung werden der Konfrontation mit den harten Realitäten des täglichen Lebens nicht standhalten, wenn sie sich nicht tragen lässt von einem Glauben, der sich auf Gebet, Kontemplation und Anbetung stützt. «Sammlung und Sendung, Empfangen und Geben, Lob und Arbeit, Gebet und Kampf – das ist der wahre

Rhythmus des christlichen Engagements in der Welt.»[19] Christen müssen ihr Herz, ihren Verstand und ihren Willen auf den Altar Gottes bringen im Wissen, dass aus dem Gottesdienst Weisheit kommt, aus dem Gebet Stärke und aus der Gemeinschaft Ausdauer. «In Christus hineingenommen zu sein durch das Werk des Heiligen Geistes ist die grösste Gnade des Reiches und der einzige beständige Grund unserer missionarischen Tätigkeit in der Welt.»[20] **Der Herr, der sein Volk aussendet, um alle Grenzen zu überschreiten und die unbekanntesten Gebiete in seinem Namen zu betreten, ist derselbe wie der, welcher versichert: «Siehe, ich bin bei euch alle Tage bis an der Welt Ende».**

ANHANG

1. Das Evangelium wurde nun den Aposteln für uns durch den Herrn Jesus Christus gegeben; und Jesus, der Christus, war von Gott gesandt worden. Das bedeutet, dass Christus seinen Auftrag von Gott erhielt und die Apostel ihren von Christus. Die Abfolge dieser beiden Ereignisse war in Übereinstimmung mit dem Willen Gottes. Deshalb begannen die Apostel, nachdem sie ihre Anweisung empfangen hatten und alle ihre Zweifel beruhigt worden waren durch die Auferstehung unseres Herrn Jesus Christus von den Toten, in der festen Gewissheit des Heiligen Geistes das Kommen des Gottesreiches zu verkünden. Und als sie durch die Landstriche und Orte zogen und predigten, ernannten sie ihre ersten Bekehrten – nachdem sie sich der Prüfung des Geistes unterworfen hatten – zu Bischöfen und Diakonen für die künftigen Gläubigen.

(Clemens von Rom, *Der erste Brief an die Korinther*, 42, S. 45)

2. Der Unterschied zwischen Christen und den übrigen Menschen ist keine Sache der Nationalität oder der Sprache oder der Sitte. Christen leben nicht getrennt von anderen in eigenen Städten, sie sprechen keine besondere Sprache, und sie verfolgen keine exzentrische Lebensweise. Die Lehre, die sie bekennen, ist nicht eine Erfindung eifriger menschlicher Hirne oder Köpfe, noch sind sie, wie manche andere, Anhänger dieser oder jener Schule philosophischen Denkens. Sie verbringen ihr Leben an eben dem Ort – in Griechenland oder anderswo – den ihnen das Geschick bestimmt hat; und sie unterscheiden sich

in ihrer Kleidung, ihren Essgewohnheiten und anderen Sitten nicht von den örtlichen Gepflogenheiten. Nichtsdestoweniger hat die Form ihrer Gemeinschaft einige bemerkenswerte, ja erstaunliche Merkmale. So ist ihr Benehmen, obwohl sie doch in ihren jeweiligen Ländern ansässig sind, eher das von Durchreisenden; sie nehmen ihre Bürgerpflichten voll und ganz wahr und ordnen sich zugleich auf alle mögliche Weise unter, als ob sie Fremde wären. Für sie ist jedes fremde Land ein Heimatland und jedes Heimatland ein fremdes Land. Wie andere Menschen heiraten sie und bekommen Kinder, aber sie setzen die Neugeborenen nicht aus. Jeder Christ hat die Freiheit, die Tafel seines Nachbarn zu teilen, aber niemals sein Ehebett. Obwohl das Geschick ihnen fleischliche Existenz gegeben hat, leben sie doch nicht nach dem Fleisch; sie verbringen ihre Tage hier auf Erden, aber ihre Heimat ist droben im Himmel. Sie gehorchen den geltenden Gesetzen, aber in ihrem eigenen privaten Leben lassen sie die Gesetze hinter sich. Sie erweisen allen Menschen Liebe, und alle Menschen verfolgen sie. Sie werden missverstanden und verurteilt, und doch, indem sie den Tod erleiden, werden sie zum Leben erweckt. Sie sind arm und machen doch viele reich. Sie haben nichts und haben doch alles im Überfluss. Sie werden entehrt und sind doch verherrlicht gerade in ihrer Unehre; verleumdet und doch gerechtfertigt. Sie vergelten üble Nachrede mit Segen und Schmähungen mit Freundlichkeiten.
Um ihrer guten Taten willen erleiden sie Peitschenhiebe wie Verbrecher, und unter den Schlägen freuen sie sich wie Menschen, denen neues Leben geschenkt wird. Juden greifen sie als Häretiker an, und Griechen quälen sie durch Verfolgung, und doch kann keiner derer, die ihnen übelwollen, überzeugende Gründe für seine Feindseligkeit angeben. Kurz gesagt, die Beziehung der Christen zur Welt ist die einer Seele zu ihrem Körper ...

(*Brief an Diognet*, Punkte 5 und 6)

3. Es gibt nicht nur einen Weg, Jesus Christus zu bezeugen. Die Kirche hat zu verschiedenen Zeiten und an verschiedenen Orten auf unterschiedliche Weise Zeugnis abgelegt. Das ist eine wichtige Feststellung. Es gibt Gelegenheiten, wo dynamische Aktion in der Gesellschaft erforderlich ist; in anderen Fällen muss gepredigt werden; in anderen ist das Verhalten der Christen untereinander beredtes Zeugnis. In wieder anderen Fällen ist es die einfache Präsenz einer gottesdienstlichen

Gemeinschaft oder eines einzelnen, die das Zeugnis darstellt. Diese verschiedenen Dimensionen des Zeugnisses für den einen Herrn sind immer eine Sache des konkreten Gehorsams. Wenn man sie auseinandernimmt und dann eine von ihnen absolut setzt, verzerrt man das Evangelium. Sie sind untrennbar miteinander verbunden, und zusammen machen sie die wahren Dimensionen der missionarischen Verkündigung aus. Wichtig allein ist, dass Gottes erlösendes Wort verkündigt und gehört wird.
(*A Theological Reflection on the Work of Evangelism*, 1959).

4. Durch Christus werden Männer und Frauen befreit und mit allen Kräften und Möglichkeiten ausgerüstet, die sie zur Mitarbeit an seinem Erlösungswerk brauchen. Durch seinen Tod am Kreuz und seine Auferstehung von den Toten wird das Hoffen auf das heil realistisch und die Realität voller Hoffnung. Er löst die Bande der Schuld. Er nimmt der Geschichte die Unausweichlichkeit. In ihm rückt das Reich Gottes und der freien Menschen nahe. Der Glaube an Christus weckt im Menschen schöpferische Freiheit zum Heil der Welt. Wer sich Gottes Auftrag entzieht, entzieht sich dem Heil.
(*Das Heil der Welt heute*, Bangkok 1973)

5. Die am Leben Christi teilhaben und ihn als Herrn und Heiland, Befreier und Einiger bekennen, bilden eine Gemeinschaft, die vom Heiligen Geist geschaffen und erhalten wird. Diese Gemeinschaft im Geist findet ihr Hauptziel und ihren letzten Sinn in der eucharistischen Feier und im Lobpreis des dreieinigen Gottes. Die Doxologie ist das allerhöchste Bekenntnis, das all unsere Trennungen übersteigt.
(*Bericht aus Nairobi* 1975).

6. Wie es Monsegneur Etchegaray kürzlich vor dieser Synode ausgedrückt hat: «Eine Kirche, die zu einem wirksameren Zeugnis erneuert worden ist, ist zugleich eine Kirche, die bereit ist, selbst evangelisiert zu werden. ... Was uns fehlt, sind nicht so sehr die Worte, die wir den Menschen sagen könnten, sondern glaubwürdige Personen, die das Wort sagen können.» (Une église qui se renouvelle pour mieux évangéliser est une église qui accepte d'être évangélisée elle-même ... Il

Mission und Evangelisation: eine ökumenische Erklärung 39

nous manque moins de paroles à dire aux hommes que d'hommes pour dire la parole).
(*Monatlicher Informationsbrief über Evangelisation*, Nr. 1, Januar 1975, S. 11).

7. Es gibt Zeiten und Orte, wo allein die Tatsache des Zusammenkommens zur Feier der Eucharistie ein öffentliches Zeugnis sein kann. In manchen Staaten können Christen entmutigt oder bestraft werden, solche Gottesdienste zu besuchen. Wir hören von jenen, die unter grossen Risiken zusammenkommen und deren Mut ihrer Umgebung zeigt, wie kostbar dieses Sakrament ist. In anderen Situationen kann die Eucharistie ein öffentliches Zeugnis sein, das so angelegt wurde, dass viele es sehen können. Solch eine fröhliche Feier kann neue Hoffnung in zynischen und säkularen Gesellschaftsordnungen bieten. Am Tisch des Herrn gibt es eine Vision Gottes, die das menschliche Herz zum Herrn hinzieht ... Jeder christliche Pfarrer und jede Gemeinde muss dies für sich selbst zu tun verstehen. Wir können hier nur einige Hinweise geben: Wo ein Volk hart unterdrückt wird, da spricht die Eucharistie vom Exodus oder Befreiung aus der Knechtschaft. Wo Christen um ihres Glaubens willen benachteiligt oder eingekerkert werden, da werden Brot und Wein zum Leben des Herrn, der von Menschen verworfen, aber zum Eckstein geworden ist. Wo die Kirche sinkende Mitgliederzahlen feststellt und ihre Finanzen erdrückend sind, da versichert uns die Eucharistie, dass Gottes Geben keine Grenzen und die Hoffnung auf ihn kein Ende hat. Wo Diskriminierung aufgrund von Rasse, Geschlecht oder Klasse eine Gefahr für die Gemeinschaft ist, befähigt die Eucharistie Menschen aller Art, teilzunehmen an der einen Speise und zu einem Volk gemacht zu werden. Wo Menschen im Überfluss leben und ein leichtes Leben haben, sagt die Eucharistie «Wie Christus sein Leben teilt, so teile du mit dem Hungrigen, was du hast». Wo eine Gemeinde durch Politik, Krieg oder aufgrund geographischer Faktoren isoliert ist, vereinigt uns die Eucharistie mit dem gesamten Volk Gottes an allen Orten und zu allen Zeiten. Wo eine Schwester oder ein Bruder dem Tode nahe ist, wird die Eucharistie zum Eingang in das Reich unseres liebenden Vaters.
(*Dein Reich komme, Melbourne 1980*, S.163f.)

8. Die Verkündigung des Evangeliums an die Armen ist ein Zeichen für das neue Zeitalter, das von Jesus Christus eingeleitet wurde. In der Heiligen Schrift wird belegt, dass die Lage der Armen und das Wirken des Heiligen Geistes unter ihnen par excellence der Ort ist, an dem sich die Liebe und Macht Gottes zeigt. Daraus folgt, dass die Evangelisation der Armen – mit den Armen, für sie und durch sie – als eine der höchsten Prioritäten der Kirchen angesehen werden muss.

(*Für eine mit den Armen solidarische Kirche*, Kommission für kirchlichen Entwicklungsdienst des ÖRK, 1980, S. 20)

9. Die Verkündigung der guten Nachricht ist eine bleibende Notwendigkeit, und alle Menschen, Gläubige und Ungläubige, sind zum Hören und zur Antwort herausgefordert, da Bekehrung nie abgeschlossen ist. Wir erkennen unsere besondere Verpflichtung denen gegenüber freudig an, die noch nie die gute Nachricht vom Reich gehört haben. Wir erkennen ständig neue Bereiche. Jesus, unser Herr, ist uns immer voraus und drängt uns, ihm zu folgen, oft auf unerwartete Weise. Die christliche Gemeinschaft ist eine Gemeinschaft auf dem Wege, die ihre Botschaft sowohl sich selbst als auch jenen ausserhalb ihrer Gemeinschaft ausrichtet, und zwar dadurch, dass sie ihre anderen Merkmale auf dem Weg aufweist.

(*Dein Reich komme, Melbourne 1980*, S. 152f.)

10. Christen, die den aufrichtigen «Dialog in der Gemeinschaft» mit Menschen anderer Religionen und Ideologien suchen, können den eindringlichen Fragen nach dem Platz dieser Menschen im Handeln Gottes in der Geschichte nicht ausweichen. Und sie stellen sich diese Frage nicht rein theoretisch, sondern versuchen zu erkennen, was Gott im Leben von Millionen von Männern und Frauen tun mag, die zusammen mit Christen leben und Gemeinschaft mit ihnen suchen, auch wenn sie dabei andere Wege beschreiten. Im Mittelpunkt des Dialogs sollten daher die Menschen anderer Religionen und Ideologien stehen und nicht abstrakte, unpersönliche Systeme. Das heisst nicht, dass die Bedeutung der religiösen Traditionen und ihrer Wechselbeziehungen geleugnet wird. Aber es ist entscheidend zu untersuchen, wie die verschiedenen Glaubensrichtungen und Ideologien dem täglichen Leben von einzelnen und Gruppen seine Ausrichtung geben und so den Dialog auf beiden Seiten beeinflussen.

Wenn Christen sich in diesem Geist den theologischen Fragen zuwenden, sollten sie sich leiten lassen von ...
- Bussfertigkeit, denn sie wissen, wie leicht sie Gottes Offenbarung in Jesus Christus missdeuten, sie in ihrem Tun verraten und sich eher als Besitzer der göttlichen Wahrheit ausgeben denn als das, was sie wirklich sind, nämlich unwürdige Empfänger der Gnade;
- Demut, denn sie entdecken oft in Menschen anderer Religionen und Ideologien in solchem Masse Spiritualität, Hingabe, Mitgefühl und Weisheit, dass es sich ihnen verbieten sollte, gleichsam von einer überlegenen Warte aus ein Urteil über andere zu fällen; vor allem sollten sie sich hüten, Begriffe wie «anonyme Christen», «christliche Präsenz», «unbekannter Christus in einem Sinne zu verwenden, in dem diese Formulierungen von denen, die sie zu theologischen Zwecken geprägt haben, nicht gemeint waren, oder so, dass sie dem Selbstverständnis von Christen und anderen schädlich sind;
- Freude, denn sie predigen nicht sich selbst; sie predigen Jesus Christus, den viele Menschen der Religionen und Ideologien unserer Zeit als Propheten, Heiligen, Lehrer, Vorbild anerkennen; den aber die Christen als Herrn und Heiland, als treuen Zeugen und als den, der da kommt (Off 1, 5-7), bekennen;
- Lauterkeit, denn nur in dieser bussfertigen, demütigen Freude in Jesus Christus können sie den Dialog mit anderen beginnen und anderen von ihren Erfahrungen und ihrem Zeugnis berichten, gleichzeitig aber auch deren tiefste Überzeugung und Einsicht kennenzulernen suchen. Dies alles bedeutet: sich zu öffnen und sich auszusetzen, sich verletzen zu lassen – eine Fähigkeit, die wir am Vorbild unseres Herrn Jesus Christus sehen und die wir mit dem Wort Verwundbarkeit zusammenfassen.

(*Leitlinien zum Dialog mit Menschen verschiedener Religionen und Ideologien*, Arbeitstexte Nr. 19, VI/79, Evangelische Zentralstelle für Weltanschauungsfragen, Stuttgart, S. 12f.)

11. Die Haltung der Kirchen gegenüber der fortdauernden Wiederbelebung und Neubestätigung institutioneller Religionen wird entsprechend der je besonderen Situation verschieden sein müssen. In einigen Ländern ist die Lage der Kirchen ausserordentlich schwierig

geworden, besonders dort, wo die Neubelebung zu einer Aushöhlung der bürgerlichen Freiheiten – in einigen Fällen einschliesslich der Religionsfreiheit – geführt hat.

Die weltweite Kirche muss dafür beten, dass die Christen in dieser Situation Kraft im Heiligen Geist finden, um in Demut und mit Ausdauer Zeugnis für das Reich Gottes zu geben, so dass der Unterdrückung mit Liebe begegnet wird und Gott ihre Leiden dazu benutzen mag, eine Erneuerung ihres eigenen christlichen Glaubens zu bewirken. Wir bringen unsere Solidarität mit ihnen wie mit allen unterdrückten Menschen zum Ausdruck.

In allen religiösen Konfliktsituationen sind die Kirchen aufgerufen, ihren einzelnen Mitgliedern zu helfen, die zugrundeliegende eigene Loyalität zu überprüfen und ihre Nachbarn anderer Glaubensrichtungen besser zu verstehen. Die Kirchen müssen unbedingt nach Berührungsstellen in ihrem Kontext für Dialog und Zusammenarbeit mit Menschen anderer Glaubensrichtungen suchen. Sowohl die oben genannten Kriterien wie auch das gemeinsame kulturelle Erbe und die Verpflichtung zu nationaler Einheit und Entwicklung könnten die Ausgangspunkte für gegenseitiges Zeugnis im Dialog sein. Das setzt einen Geist von Offenheit, Respekt und Wahrhaftigkeit in den Kirchen und unter ihren Mitgliedern gegenüber den Nachbarn anderer Glaubensrichtungen voraus, aber auch Mut, von der Hoffnung, die wir in Jesus Christus als unseren Herrn haben, Rechenschaft abzulegen.

Wie in den Richtlinien zum Dialog gezeigt wurde, die vom Zentralausschuss des ÖRK im Jahre 1979 in Jamaika entgegengenommen wurden, steht ein dialogischer Zugang zu Nachbarn anderer Glaubensrichtungen und Überzeugungen nicht im Widerspruch zur Mission. Unsere Mission, Jesus Christus zu bezeugen, kann niemals aufgegeben werden. Die Verkündigung des Evangeliums an alle Welt bleibt eine dringende Verpflichtung für alle Christen, aber sie sollte im Geist unseres Herrn und nicht im Geist eines Kreuzzuges und der Aggression erfüllt werden.

Lasst uns weise gegen die wandeln, die draussen sind, und lasst uns die Zeit auskaufen, unsere Rede sei allzeit lieblich und mit Salz gewürzt, damit wir wissen, wie wir einem jeglichen antworten wollen (Kol 4,5f.)

(*Dein Reich komme, Melbourne 1980*, S. 145f.)

ANMERKUNGEN

1. Philip Potters Ansprache vor der Bischofssynode der römisch-katholischen Kirche, Rom 1974, *Monatlicher Informationsbrief über Evangelisation* Nr.1, Januar 1975.
2. *Verfassung des Ökumenischen Rates der Kirchen*, 1977, S. 3.
3. *Verfassung der Kommission für Weltmission und Evangelisation.*
4. *Dein Reich komme: Bericht der Weltkonferenz für Mission und Evangelisation in Melbourne 1980*, hrsg. von M. Lehmann-Habeck, Verlag O. Lembeck, Frankfurt/Main, 2. Aufl. 1982, S. 167.
5. *Dein Reich komme*, S. 153.
6. *Confessing Christ Today.* Gruppenberichte einer Konsultation orthodoxer Theologen in Bukarest, Juni 1974, S. 8.
7. *Bericht aus Nairobi 1975*, hrsg. von H. Krüger u. W. Müller-Romheld, Verlag O. Lembeck, Frankfurt/Main, 1976.
8. *Confessing Christ Today*, S. 10 und S. 3 9. *Bericht aus Nairobi*, S. 11/12.
10. Philip Potter, op. cit.
11. *Dein Reich komme*, S. 164.
12. «Gemeinsames Zeugnis», in: *Ökumenische Rundschau*, Heft 1, Januar 1982, S.91.
13. *Gemeinsames Zeugnis*, S. 91.
14. *SEDOS Bulletin,* 81/Nr. 7 (Mai 1981), Servizio di Documentazione e Studi, Rom, S. 123.
15. *Bericht aus Nairobi*, S. 9.
16. Katholische Bischofskonferenz, Puebla, 1979.
17. *Lausanner Verpflichtung*, Juli 1974, Artikel 9.
18. *Dein Reich komme*, S. 178.
19. *Dein Reich komme*, S. 163.
20. *Dein Reich komme*, S. 162.

AUF DEM WEG ZU EINEM GEMEINSAMEN ZEUGNIS

EIN AUFRUF ZU VERANTWORTLICHEN BEZIEHUNGEN IN DER MISSION UND ZU EINER ABSAGE AN DEN PROSELYTISMUS

Präsentation

Es ist in höchstem Maße bedeutsam, dass der Aufruf zu einer neuen oder überarbeiteten ÖRK-Studie über Proselytismus und gemeinsames Zeugnis 1989 auf der Tagung des Zentralausschusses in Moskau erfolgte – also dem Jahr des Berliner Mauerfalls mit all seinen Konsequenzen für die Herausbildung neuer politischer Konstellationen in der ganzen Welt. Es ist nicht notwendig, dieses Dokument ausführlich zu präsentieren, da in den Vorbemerkungen und der Einleitung, die von Anfang an mit veröffentlicht wurden, ausreichende Informationen über Zweck, Entstehung und Status des Papiers enthalten sind. Es sollte jedoch darauf hingewiesen werden, dass dieses Dokument vom Zentralausschuss 1997 an die Kirchen zur Reflexion und Aktion weitergeleitet wurde. Es muss auch gesagt werden, dass der Aufruf zur Abkehr vom Proselytismus in keiner Weise den sehr eindringlichen Aussagen der Ökumenischen Erklärung von 1982 zur Notwendigkeit eines klaren Zeugnisses vom Namen Jesu Christi widerspricht. Proselytismus – so wie er in ÖRK-Dokumenten verstanden wird – wird als Verrat an authentischer Evangelisation angesehen. Verzicht auf Proselytismus bedeutet aber nicht Verzicht auf Evangelisation. Der Unterschied zwischen missbräuchlichem Proselytismus und authentischer Evangelisation ist vergleichbar mit dem Unterschied zwischen der Missionsstrategie, die Jesus in der Versuchungsgeschichte ablehnt (Mt 4,1-11), und der Form von Mission, zu der der auferstandene Jesus im Missionsbefehl (Mt 28,16-20) den Auftrag erteilt.

Das Dokument von 1997 bekräftigt die Überzeugung, dass Mission in Einheit ein zentraler Testfall für die gegenseitige Achtung der Kirchen ist. «Authentisches gemeinsames Zeugnis setzt Achtung und Verständnis für andere Traditionen und Konfessionen voraus.»[1] Die Empfehlungen, die ein Teil des Dokuments sind und ebenfalls vom Zentralausschuss angenommen wurden, gehen auf mehrere Anliegen ein, die seit 1997 noch an Bedeutung gewonnen haben. So empfiehlt der Zentralausschuss dem ÖRK, eine Studie zu Ekklesiologie und Mission durchzuführen. Wie andere internationale Dialoge gezeigt haben, wird das gemeinsame Zeugnis – das normalerweise Evangelisation beinhalten sollte – behindert, wenn die Missionspartner nicht wenigstens grundlegende Elemente authentischen christlichen Glaubens und wahren Kirchseins im jeweils anderen anerkennen.[2]

In ihrem sehr kurzen ersten Kapitel über das Missionsgebot enthält die Erklärung von 1997 eine klare Aussage zum Konzept der *missio Dei* – einem der wichtigen Elemente einer ökumenischen Missionstheologie, das auch in der Ökumenischen Erklärung von 1982 enthalten ist, wenn auch in indirekterer Weise, da dieses Dokument den Akzent auf die Reich-Gottes-Terminologie legt. Auf dem Weg zu einem gemeinsamen Zeugnis zitiert auch eine der bekanntesten Aussagen der ÖRK-Vollversammlung in Canberra, in der folgende Vision von der Mission in Einheit entfaltet wird: «Eine versöhnte und erneuerte Schöpfung ist das Ziel der kirchlichen Mission. Die Vision von Gott, der alle Dinge in Christus zusammenfasst (vgl. Eph 1, 9-10), ist die treibende Kraft des Lebens und Miteinander-Teilens der Kirche.»[3]

Die Kombination einer *missio Dei*-Theologie mit dem Thema der Versöhnung kam kurz nach der Weltmissionskonferenz in San Antonio (1989) im Rahmen der Vorbereitungsarbeit für die Vollversammlung in Canberra zum ersten Mal auf.[4] Dies erwies sich als sehr hilfreicher Impuls und gab einen Vorgeschmack auf das, was im ersten Jahrzehnt des neuen Jahrtausends im Mittelpunkt der ökumenischen Missionstheologie stehen sollte.

Wenn der ÖRK einen Daseinszweck haben soll – nämlich die Kirchen zur Manifestation der Einheit aufzurufen, die Christus ihnen gegeben hat und für die er gestorben ist –, dann muss er in der Frage des gemeinsamen Zeugnisses und der Mission in Einheit eine feste Position vertreten und jede Form des Proselytismus, wie er in diesem Dokument definiert wird, entschieden ablehnen.[5]

JM

46 Erklärungen zur christlichen Mission

ANMERKUNGEN

1 Auf dem Weg zu einem gemeinsamen Zeugnis. S. 52.
2 Die Empfehlungen stehen auf S. 61-62. Zur späteren Studie über Ekklesiologie und Mission siehe *IRM*, Bd. 90, Nr. 358, Juli 2001, und Nr. 359, Okt. 2001, und den Studienprozess von Glauben und Kirchenverfassung zum Thema Ekklesiologie. Vgl. auch die Affirmationen im Rahmen des internationalen Dialogs zwischen Pfingstkirchen und römisch-katholischer Kirche, der 1972 begonnen hat und der sich in seinem vierten Abschnitt mit Evangelisation, Proselytismus und gemeinsamem Zeugnis befasste (1990-1997): «Die Mitglieder der Dialoggruppe stellten fest, dass es Proselytismus zum großen Teil deshalb gibt, weil Pfingstler und Katholiken kein gemeinsames Kirchenverständnis haben.» «Dialog zwischen Pfingstkirchen und der römisch-katholischen Kirche; Evangelisation, Proselytismus und Gemeinsames Zeugnis», §69 in: Jeffrey Gros FSC et al. eds., *Growth in Agreement II. Reports and Agreed Statements of Ecumenical Conversations on a World Level, 1982-1998*, ÖRK und Grand Rapids MI, Eerdmans, 2000, S. 765 (freie Übersetzung)
3 *Auf dem Weg zu einem gemeinsamen Zeugnis*, S. 51. Heute würde dies wahrscheinlich eher so formuliert werden, dass die versöhnte Menschheit und erneuerte Schöpfung das Ziel von Gottes eigener umfassender Mission ist, an der die Kirche sich beteiligt, indem sie auf diese Hoffnung und göttliche Wirklichkeit hinweist und sie zeichenhaft darstellt.
4 Eine der Empfehlungen des Dokuments von 1997 bezieht sich auf Versöhnung: «Schritte zur Versöhnung zu unterstützen durch die Auseinandersetzung mit historischen Wunden und bitteren Erinnerungen». Die missionstheologische Reflexion seit 1997 hat hervorgehoben, was mit Versöhnungsprozessen und Heilung der Erinnerungen gemeint ist und welchen wesentlichen Beitrag sie zum Streben nach kirchlicher Einheit leisten.
5 Mitte der 1990er Jahre führte der ÖRK eine Studie über internationale Beziehungen in der Mission durch, die ebenfalls auf dem Konzept der Mission in Einheit aufbaute und dessen Auswirkungen auf die Beziehungen zwischen Kirchen verschiedener Regionen und Kulturen auf weltweiter Ebene untersuchte. Die Ergebnisse wurden in *IRM* Bd. 86, Nr. 342, Juli 1997 veröffentlicht.

AUF DEM WEG ZU EINEM GEMEINSAMEN ZEUGNIS

EIN AUFRUF ZU VERANTWORTLICHEN BEZIEHUNGEN IN DER MISSION UND EINER ABSAGE AN PROSELYTISMUS

Vorbemerkungen

Die ökumenische Bewegung und der Ökumenische Rat der Kirchen haben dem gemeinsamen Zeugnis und der Einheit der Kirchen seit jeher Priorität beigemessen und Proselytismus als Skandal und Gegenzeugnis angesehen. Ökumenische Stellungnahmen haben wiederholt auf die Notwendigkeit einer deutlicheren Praxis verantwortlicher Beziehungen in der Mission, eines engagierteren Eintretens für ein Zeugnis in Einheit und einer Absage an alle Formen des Proselytismus hingewiesen. Doch in all den nahezu 50 Jahren der ökumenischen Gemeinschaft im ÖRK ist Proselytismus eine schmerzliche Realität im Leben der Kirchen geblieben.[1]

Das Problem des Proselytismus wird erneut als einer der trennenden Hauptfaktoren für die Spaltung der Kirchen und als eine Bedrohung der ökumenischen Bewegung angesprochen. Angesichts der Komplexität der Situation ersuchte der Zentralausschuss auf seiner Tagung in Moskau im Jahre 1989 die frühere Kommission für Weltmission und Evangelisation, «dieses Problem [des Proselytismus] zwecks weiterer Untersuchung und Beschlussfassung aufzugreifen und auch vorhandene Erklärungen nötigenfalls auf den neuesten Stand zu bringen». Eine ähnliche Aufforderung ging auch von der Fünften Weltkonferenz für Glauben und Kirchenverfassung (Santiago de Compostela, 1993) aus, die zu einer «neuen und umfassenderen Untersuchung von Mission, Evangelisation und Proselytismus» aufrief.

Das vorliegende Dokument, das von der Programmeinheit II ausgearbeitet wurde, ist eine Reaktion auf diese Aufforderungen. Um die aktuelle Situation genau darstellen zu können und geeignete Möglichkeiten für das weitere Vorgehen zu finden, leitete die Einheit einen umfassenden Konsultations- und Studienprozess in die Wege. Missionseinrichtungen, Kirchen, Missionswissenschaftler und Theologen, Ortsgemeinden und Orden in verschiedenen Teilen der Welt beteiligten sich brieflich an diesem Prozess.

Ausserdem wurde eine Reihe von Konsultationen organisiert: «Auf dem Weg zu verantwortlichen Beziehungen in der Mission» (Chambésy, 1993); eine orthodoxe Konsultation zum Thema «Mission und Proselytismus» (Sergiev Possad, Russland, 1995); «Zu gemeinsamem Zeugnis berufen» (Manila, 1995); «Gemeinsames Zeugnis» (Bossey, 1996). Besonderer Wert wurde darauf gelegt, die «Proselytisierenden» mit den «Proselytisierten» im Dialog zusammenzubringen und nicht nur ÖRK-Mitgliedskirchen, sondern auch Mitglieder der evangelikalen, pfingstlerischen und charismatischen Bewegung einzubeziehen.

Dokumente und Erklärungen von Kirchen und anderen Organisationen zu diesem Thema sind sorgfältig untersucht und ausgewertet worden; Erkenntnisse daraus haben Eingang in die vorliegende Erklärung gefunden. Mit der Gemeinsamen Arbeitsgruppe der römisch-katholischen Kirche und des Ökumenischen Rates der Kirchen gab es regelmässigen Kontakt, der von Zusammenarbeit und Miteinanderteilen geprägt war. Ihr Studiendokument «Die Herausforderung des Proselytismus und die Berufung zu gemeinsamem Zeugnis» (1996) war einer der grundlegenden Texte für die Ausarbeitung dieser Erklärung. Die Studie der Programmeinheit II wurde allerdings mit einer breiteren Beteiligung durchgeführt und betont die missiologischen und pastoralen Auswirkungen des Proselytismus im Leben der Ortskirchen auf dem Weg zu einem gemeinsamen Zeugnis und zur christlichen Einheit. Ein erster Entwurf dieser Erklärung diente auf der Konferenz für Weltmission und Evangelisation in Salvador, Brasilien (1996) als Arbeitsunterlage.

Diese Erklärung wird in der Überzeugung vorgelegt, dass sie für die Kirchen in allen Teilen der Welt zur rechten Zeit kommt und eine hohe Bedeutung hat. Insofern als sie Raum für eine breitere Beteiligung an ökumenischen Diskussionen gelassen hat, spiegelt ihre Entstehungsgeschichte den Geist des Dokuments «Auf dem Weg zu einem gemeinsamen Verständnis und einer gemeinsamen Vision des Ökumenischen Rates der Kirchen» (CUV) wider.

September 1997

> Die Ziele dieser Erklärung sind: (1) Kirchen und Christen die bittere Realität des heutigen Proselytismus vor Augen zu führen; (2) all jene, die am Proselytismus beteiligt sind, dazu aufzurufen, sich seine verheerenden Auswirkungen auf die Einheit der Kirchen, die Beziehungen unter den Christen und die Glaubwürdigkeit des Evangeliums bewusst zu machen und als Konsequenz den Proselytismus aufzugeben; und (3) die Kirchen und Missionsorganisationen dazu aufzurufen, alle Ausdrucksformen von Konkurrenz in der Mission zu vermeiden und sich von neuem für ein Zeugnis in Einheit zu engagieren.

Einleitung

In den vergangenen Jahren haben in verschiedenen Teilen der Welt einschneidende Entwicklungen stattgefunden, die die ökumenische Familie dazu zwangen, sich näher mit Fragen des gemeinsamen Zeugnisses und des Proselytismus zu beschäftigen. Für den ÖRK ist die Situation um so dringlicher, als Beschwerden über proselytistische Aktivitäten sowohl gegen manche seiner eigenen Mitgliedskirchen als auch gegen Kirchen und Gruppierungen ausserhalb dieses Kreises vorgetragen werden.

Folgende Situationen belasten derzeit die Beziehungen zwischen den Kirchen in verschiedenen Teilen der Welt und verlangen daher dringend die Aufmerksamkeit der ökumenischen Familie:
- konkurrierende missionarische Aktivitäten, besonders in Mittel- und Osteuropa, in Afrika, Asien und Lateinamerika, die unabhängig voneinander von ausländischen Missionsgruppen, Kirchen und Einzelpersonen durchgeführt werden und sich oft an Menschen richten, die bereits einer der Kirchen in diesen Ländern angehören und sich zu ihr bekennen; häufig führen diese Aktivitäten zur Schaffung paralleler kirchlicher Strukturen;
- das Wiederaufleben von Spannungen zwischen der orthodoxen und der römisch-katholischen Kirche im Zusammenhang mit den katholischen Kirchen mit östlichem Ritus;[2]
- die stark gewachsene Zahl neuer Missionsorganisationen

aus dem Süden, die selbständig in anderen Teilen der Welt arbeiten, häufig ohne Kontakt zu den Kirchen in diesen Ländern;
- eine zunehmende Frustration bei den Kirchen – besonders des Südens –, deren Mitglieder von anderen Kirchen mit humanitären Hilfsangeboten abgeworben werden;
- die humanitäre Arbeit mit Einwanderern, Armen, einsamen und entwurzelten Menschen in Grossstädten, die das Ziel hat, sie zu einem Wechsel ihrer Konfessionszugehörigkeit zu bewegen;
- die Zunahme von religiösem Fundamentalismus und von Intoleranz;
- der gestiegene Einfluss von Sekten und neuen religiösen Bewegungen in vielen Teilen der Welt;
- die Diskreditierung etablierter christlicher Minderheitskirchen in multireligiösen Gemeinschaften.

Die Ziele dieser Erklärung sind: (1) Kirchen und Christen die bittere Realität des heutigen Proselytismus vor Augen zu führen; (2) all jene, die am Proselytismus beteiligt sind, dazu aufzurufen, sich seine verheerenden Auswirkungen auf die Einheit der Kirchen, die Beziehungen unter den Christen und die Glaubwürdigkeit des Evangeliums bewusst zu machen und als Konsequenz den Proselytismus aufzugeben; und (3) die Kirchen und Missionsorganisationen dazu aufzurufen, alle Ausdrucksformen von Konkurrenz in der Mission zu vermeiden und sich von neuem für ein Zeugnis in Einheit zu engagieren.

Christliches Zeugnis und Religionsfreiheit

1. Das Missionsgebot

Christliche Mission ist letztlich und vor allen Dingen die Mission Gottes – *missio Dei*. Sie hat ihren Mittelpunkt in dem barmherzigen und ewigen Heilsplan des dreieinigen Gottes für die Menschheit und die gesamte Schöpfung, der sich in Jesus Christus offenbart. Wesentlich für die Mission Gottes ist die lebensspendende Gegenwart des Heiligen Geistes, der die Mission Christi durch die Kirche fortsetzt und die Quelle ihrer missionarischen Kraft bleibt. Auf der Siebten Vollversammlung des ÖRK in Canberra 1991 wurde die Vision einer Mission als Ausdruck der Einheit beschrieben: «Eine versöhnte und erneuerte Schöpfung ist das Ziel der kirchlichen Mission. Die Vision von Gott, der alle Dinge in Christus zusammenfasst (vgl. Eph 1,9-10), ist die treibende Kraft des Lebens und Miteinander-Teilens der Kirche.»[3]

Als Leib Christi, begründet, erhalten und bekräftigt durch die lebensspendende Präsenz des Heiligen Geistes, ist die Kirche von Natur aus missionarisch. Sie verkündet, dass in Jesus Christus – dem fleischgewordenen Wort, gestorben und auferstanden von den Toten – allen Menschen Erlösung angeboten wird als Gottes Geschenk der Liebe, Gnade und Befreiung.

Die Teilnahme an der Mission Gottes ist ein Gebot für alle Christinnen und Christen und alle Kirchen, nicht nur für bestimmte Einzelpersonen oder spezialisierte Gruppen. Es ist ein innerer Zwang, der in den umfassenden Forderungen der Liebe Christi wurzelt, andere dazu einzuladen, an der Fülle des Lebens teilzuhaben, die zu bringen Jesus gekommen ist (vgl. Joh 10,10).

Die Mission, so wie Christus sie verstanden hat, ist holistisch, denn der Mensch als ganzer und die Gesamtheit des Lebens sind untrennbar in Gottes Heilsplan, der sich in Jesus Christus erfüllt hat. Sie ist lokal – «die primäre Verantwortung liegt dort, wo es eine Ortskirche gibt, bei dieser Kirche an ihrem Ort».[4] Sie ist auch universal, das heisst, für alle Menschen, über alle Schranken von Rasse, Kaste, Geschlecht, Kultur, Nation hinweg – «bis an das Ende der Erde» in jedem Sinne (vgl. Apg 1,8; Mk 16,15; Lk 24,47).

> **«Die primäre Verantwortung liegt dort, wo es eine Ortskirche gibt, bei dieser Kirche an ihrem Ort.»**

2. Gemeinsames Zeugnis: Mission als Ausdruck der Einheit

Zahlreiche Dokumente des ÖRK haben die Aufmerksamkeit auf die immanente Verbindung gelenkt, die zwischen der Glaubwürdigkeit der Mission der Kirche in der Welt und der Einheit unter den Christinnen und Christen besteht – die in dem Gebet Jesu unterstrichen wird, «damit sie alle eins seien, ... damit die Welt glaube» (Joh 17,21), und historisch bereits unter den Aposteln in Jerusalem am Pfingsttag Wirklichkeit wurde. Gemeinsames Zeugnis ist «das Zeugnis, das die Kirchen, auch wenn sie getrennt sind, zusammen und insbesondere durch gemeinsame Bemühungen ablegen, indem sie die göttlichen Gaben der Wahrheit und des Lebens sichtbar machen, die sie bereits miteinander teilen und gemeinsam erfahren».[5] Es kann somit «verstanden werden als eine 'eucharistische Vision des Lebens', mit der für das gedankt wird, was Gott durch Akte freudiger Selbsthingabe für die Erlösung der Welt getan hat, tut und noch tun wird».[6]

> **Gemeinsames Zeugnis ist «das Zeugnis, das die Kirchen, auch wenn sie getrennt sind, zusammen und insbesondere durch gemeinsame Bemühungen ablegen, indem sie die göttlichen Gaben der Wahrheit und des Lebens sichtbar machen, die sie bereits miteinander teilen und gemeinsam erfahren».**

Trotz der vielen Schranken, die die Kirchen voneinander trennen, können die Mitgliedskirchen des ÖRK bereits ein gewisses Mass an kirchlicher Gemeinschaft untereinander erkennen, wie unvollkommen diese auch sein mag. Die Kirchen, die «den Herrn Jesus Christus gemäss der Heiligen Schrift als Gott und Heiland bekennen», trachten danach, durch den ÖRK «gemeinsam zu erfüllen, wozu sie berufen sind, zur Ehre Gottes, des Vaters, des Sohnes und des Heiligen Geistes».[7] Auf dieser Basis können andere Grundlagen für das gemeinsame Zeugnis vor der ganzen Welt miteinander bejaht werden. Die gegenseitige Anerkennung der Taufe (wie sie in dem Text des ÖRK zu «Taufe, Eucharistie und Amt» ausgedrückt wird) ist die Grundlage für die christliche Einheit und das gemeinsame Zeugnis.

> **Authentisches gemeinsames Zeugnis setzt Achtung und Verständnis für andere Traditionen und Konfessionen voraus.**

Authentisches gemeinsames Zeugnis setzt Achtung und Verständnis für andere Traditionen und Konfessionen voraus. Im Mittelpunkt sollte stehen, was die Kirchen gemeinsam haben und tun können, und nicht, was sie voneinander trennt. Auch wenn scheinbar unvereinbare Meinungsverschiedenheiten bei bestimmten Fragen bestehen bleiben, sollte die Wahrheit in Liebe ausgesprochen werden (s. Eph 4,15), um des Aufbaus der Kirche willen (s. Eph 4,12) und nicht, um die eigene Position gegenüber der von anderen herauszustellen. Zwischen den Kirchen gibt es mehr Verbindendes als Trennendes. Nach diesen verbindenden Elementen sollte man suchen, wenn man das Zeugnis in Einheit aufbaut.

3. Mission im Kontext der Religionsfreiheit

Gottes Wahrheit und Liebe werden in Freiheit gegeben und rufen nach einer Antwort in Freiheit. Der freie Wille ist eines der kostbarsten Geschenke, die Gott den Menschen anvertraut hat. Gott zwingt niemanden dazu, Gottes Offenbarung anzunehmen, und errettet niemanden mit Gewalt. Auf dieser Grundlage entwickelten der Internationale Missionsrat und der Ökumenische Rat der Kirchen (im Aufbau begriffen) eine Definition der Religionsfreiheit als eines der menschlichen Grundrechte. Diese Definition wurde von der Ersten Vollversammlung des ÖRK in Amsterdam (1948) verabschiedet und später – auf Vorschlag der Kommission der Kirchen für Internationalen Angelegenheiten (CCIA) – in die Allgemeine Erklärung der Menschenrechte übernommen: «Jeder Mensch hat Anspruch auf Gedanken-, Gewissens- und Religionsfreiheit; dieses Recht umfasst die Freiheit, seine Religion oder seine Überzeugung zu wechseln, sowie die Freiheit, seine Religion oder seine Überzeugung allein oder in Gemeinschaft mit anderen, in der Öffentlichkeit oder privat, durch Lehre, Ausübung, Gottesdienst und Vollziehung von Riten zu bekunden.» Das gleiche Prinzip sollte auch der Missionsarbeit zugrunde liegen.

Die Fünfte Vollversammlung des ÖRK (1975) bekräftigte die zentrale Rolle der Religionsfreiheit. Im Bericht der Sektion V heisst es: «Die Religionsfreiheit ist und bleibt ein Hauptanliegen der Mitgliedskirchen des ÖRK. Dieses Recht sollte jedoch nicht als ausschliessliches Recht der Kirche angesehen werden... Dieses Recht ist von anderen grundlegenden Freiheitsrechten der Menschen nicht zu trennen. Keine darf für sich Religionsfreiheit beanspruchen, ohne selbst die Glaubensüberzeugungen und die grundlegenden Menschenrechte der anderen zu respektieren und zu wahren. Religionsfreiheit sollte niemals den Anspruch auf

Privilegien rechtfertigen. Für die Kirche ist Religionsfreiheit wesentlich für die Erfüllung ihrer Aufgaben, die ihr der christliche Glaube auferlegt. Im Mittelpunkt dieser Verpflichtungen steht der Dienst an der ganzen Gemeinschaft.»[8] Die eigene Freiheit muss immer auch die Freiheit der anderen respektieren, bejahen und fördern; sie darf nicht gegen die «Goldene Regel» verstossen: «Alles, was ihr wollt, dass euch die Leute tun sollen, das tut ihnen auch» (Mt 7,12).

Proselytismus – ein Gegenzeugnis

Ursprünglich bezeichnete das Wort «Proselyt» einen Menschen, der durch den Glauben an Jahwe und die Beachtung des mosaischen Rechts ein Mitglied der Jüdischen Gemeinde wurde; in der frühchristlichen Zeit wurde es dann für einen Menschen anderen Glaubens, der zum Christentum konvertierte, verwendet. Erst in späteren Jahrhunderten bekam das Wort eine negative Konnotation; Grund dafür waren die Veränderungen im Inhalt, in der Motivierung, dem Geist und den Methoden der «Evangelisation».

«Proselytismus» wird heute definiert als die Aufforderung an Christen, die einer Kirche angehören, ihre konfessionelle Zugehörigkeit zu wechseln, wobei Mittel und Wege angewendet werden, die «dem Geist der christlichen Liebe widersprechen, die Freiheit des menschlichen Individuums verletzen und das Vertrauen in das christliche Zeugnis der Kirche schmälern».[9]

Proselytismus ist «die Korruption des Zeugnisses».[10] Oberflächlich betrachtet, kann Proselytismus den Eindruck einer aufrichtigen, enthusiastischen missionarischen Tätigkeit erwecken tatsächlich beteiligen sich manche Menschen daran aus einem aufrichtigen christlichen Engagement und aus dem Glauben heraus, sie würden Mission in der Nachfolge Christi betreiben. Erst das Ziel, der Geist und die Methoden lassen das Engagement zu Proselytismus werden.

Einige Eigenschaften und Handlungsweisen, durch die sich Proselytismus eindeutig vom authentischen christlichen Zeugnis unterscheiden lässt, sind:
- Unfaire Kritik an den oder Karikierung der Lehren, Überzeugungen und Bräuche einer anderen Kirche, ohne dass

der Versuch unternommen wird, zu verstehen oder einen Dialog über diese Fragen aufzunehmen. Menschen, die Ikonen verehren, werden beschuldigt, Götzenbilder anzubeten; andere werden verspottet wegen ihrer angeblich abgöttischen Verehrung Marias und der Heiligen oder verurteilt, weil sie für die Toten beten.
- Man stellt die eigene Kirche oder Konfession als «die wahre Kirche» und ihre Lehren als «den rechten Glauben» und den einzigen Weg zur Erlösung dar; gleichzeitig verwirft man die Taufe in anderen Kirchen als «ungültig» und überredet die Menschen zur Wiedertaufe.
- Man weist auf einen hohen moralischen und geistlichen Status der eigenen Kirche gegenüber den angeblichen Schwächen und Problemen der anderen Kirchen hin.
- Probleme, die in einer anderen Kirche auftreten, werden gewissenlos ausgenutzt, um neue Mitglieder für die eigene Kirche zu gewinnen.
- Man bietet humanitäre Hilfe oder Bildungschancen als Anreiz, einer Kirche beizutreten, an.
- Man übt politischen, wirtschaftlichen, kulturellen und ethnischen Druck aus oder führt historische Argumente an, um andere für die eigene Kirche zu gewinnen.
- Man nutzt eine mangelnde Bildung oder eine fehlende christliche Unterweisung aus, die Menschen für einen Wechsel ihrer kirchlichen Zugehörigkeit anfällig machen.
- Man wendet physische Gewalt oder moralischen und psychologischen Druck an, um Menschen dazu zu bewegen, einer anderen Kirche beizutreten. Dazu gehört der Einsatz von Medien, die eine bestimmte Kirche auf eine Weise darstellen, die ihre Anhänger ausschliesst, herabsetzt oder stigmatisiert; ferner Belästigung durch wiederholte Hausbesuche, materielle und geistliche Drohungen sowie das Insistieren auf dem «überlegenen» Weg zur Erlösung, den eine bestimmte Kirche angeblich anbietet.
- Man zieht Nutzen aus der Einsamkeit, der Krankheit, der Verzweiflung oder auch der Desillusionierung von Menschen über die eigene Kirche, um sie zu «bekehren».

> Gemeinsames Zeugnis ist konstruktiv: es bereichert, hinterfragt, stärkt und erbaut solide christliche Beziehungen und Gemeinschaft.

Gemeinsames Zeugnis ist konstruktiv: es bereichert, hinterfragt, stärkt und erbaut solide christliche Beziehungen und Gemeinschaft. Durch Wort und Tat stellt es den Bezug des Evangeliums zur modernen Welt her. Proselytismus ist eine Perversion des authentischen christlichen Zeugnisses und somit ein Gegenzeugnis. Proselytismus baut nicht auf, sondern zerstört. Proselytismus führt zu Spannungen, Verleumdungen und Spaltung und ist dadurch ein destabilisierender Faktor für das Zeugnis der Kirche Christi in der Welt. Proselytismus bedeutet immer eine Verletzung der Koinonia; er schafft keine Gemeinschaft, sondern feindliche Parteien.

Dennoch sollte man anerkennen, dass manche Menschen aus einer wahren und aufrichtigen Überzeugung heraus von einer Kirche zu einer anderen überwechseln, ohne dass eine proselytistische Druckausübung oder Manipulation stattgefunden hat. Sie treffen damit eine freie Entscheidung, die aus ihrer Erfahrung des Lebens und Zeugnisses einer anderen Kirche entsteht.

Die Kirchen müssen ihr eigenes internes Leben ständig hinterfragen, um festzustellen, ob einige der Gründe, aus denen Menschen ihre Kirchenzugehörigkeit ändern, auch bei den Kirchen selbst liegen.

Richtlinien für verantwortliche Beziehungen in der Mission

1. Themen zur weiteren Untersuchung und Reflexion

Die Entwicklung von verantwortlichen Beziehungen in der Mission, die ein authentisches, gemeinsames christliches Zeugnis fördern und Proselytismus vermeiden, erfordert einen fortgesetzten Dialog sowie weitere Überlegungen und Untersuchungen in einer Reihe von wichtigen kirchlichen, theologischen und anderen Bereichen:
- historische und gesellschaftliche Faktoren, unter anderem (1) die Vielfalt der Erfahrungen der verschiedenen Kirchen; (2) ein fehlendes Bewusstsein für oder unter-

schiedliche Auffassungen von der Geschichte der eigenen Kirche und anderer Kirchen, die Wunden in der Erinnerung hinterlassen haben; und (3) unterschiedliche Blickwinkel und Auffassungen unter Mehrheits- und Minderheitskirchen in Kontexten, in denen eine einzelne Kirche mit einer bestimmten Nation, einem Volk oder einer Kultur identifiziert wird;
- unterschiedliche und sogar widersprüchliche Auffassungen von den christlichen Glaubensinhalten – in bezug auf den Gottesdienst, die Sakramente und die Lehrautorität der Kirche – und von den Grenzen einer legitimen Vielfalt in diesen Bereichen;
- unterschiedliche Auffassungen von der kirchlichen Mitgliedschaft und dem christlichen Engagement des oder der einzelnen, die sich vor allem in der Verwendung von wertenden Ausdrücken zeigen (wie zum Beispiel «nominell», «engagiert», «wahrer» oder «wiedergeborener Christ», «entkirchlicht», «Evangelisation» und «Re-Evangelisation»), die häufig eine Ursache für Spannungen zwischen den Kirchen sind und dazu führen, dass man einander Proselytismus vorwirft;
- unterschiedliche Auffassungen von den Zielen der Mission, die zu Unterschieden im Geist und Stil der Mission führen, insbesondere im Zusammenhang mit Konzepten des «Gemeindewachstums» und der «Gemeindeexpansion», die augenscheinlich der Zahl der «Bekehrten» oberste Priorität einräumen und somit wohl eine Mission unter denen, die bereits einer christlichen Kirche angehören, fördern;
- unterschiedliche Auffassungen von der Universalität der Mission, insbesondere im Hinblick auf die Gültigkeit des frühchristlichen Prinzips des «kanonischen Territoriums», nach dem in erster Linie die jeweilige bereits bestehende Ortskirche für das christliche Leben der Menschen dort verantwortlich ist und keine anderen christlichen Einzelpersonen, Gruppen oder Kirchen Schritte unternehmen oder kirchliche Strukturen aufbauen dürfen, ohne die Ortskirche zu konsultieren und mit ihr zusammenzuarbeiten.

58 Erklärungen zur christlichen Mission

2. Der Weg in die Zukunft: Praktische Vorschläge

Trotz der noch zu überwindenden Probleme haben Überlegungen und Erfahrungen aus den letzten Jahrzehnten in der Ökumene gezeigt, dass Versöhnung und gegenseitiges Verständnis möglich sind und dass Zeugnis in Einheit in noch stärkerem Umfang zur Realität werden kann.

Weil neue Kontexte neue Initiativen der Verkündigung des Evangeliums in Einheit erfordern, bemühen sich die Kirchen in partnerschaftlicher Mission:
- besser und genauer zu verstehen, was es heisst, Kirche in der modernen Welt zu sein, sowie ihre Zusammengehörigkeit in dem einen Leib Christi zu akzeptieren und zu feiern (vgl. 1. Kor 12,12);
- in der Überzeugung zu wachsen, dass es die Mission Gottes ist, in der die Kirchen als Mitarbeiter Gottes zusammenkommen, und nicht ihre eigene;
- mehr Einvernehmen in dem Verständnis und der Vision ihrer missionarischen Rolle in der modernen Gesellschaft zu erreichen;
- gemeinsam in der Nachfolge Jesu Christi in missionarisches Neuland vorzustossen – zuhörend, begleitend, teilend, mitgehend, in gegenseitigem Geben und Empfangen;
- ihre Entschlossenheit zur gemeinsamen Verkündigung der «[einen] Hoffnung [ihrer] Berufung» (Eph 4,4) zu erneuern, um stärker teilzuhaben an Gottes Heilsplan zur Versöhnung und Zusammenfassung aller Völker und aller Dinge in Christus (vgl. Eph 1,9-10).

> **«Wir beklagen die Praxis derer, die ihre Missions- und Evangelisationsbemühungen so gestalten, dass sie die Einheit des Leibes Christi, die Menschenwürde und sogar das Leben und die Kultur derer zerstören, die sie 'evangelisieren'. Wir rufen sie auf, ihre Teilnahme an solcher Praxis zu bekennen und dem Proselytismus abzusagen.»**

Da der Weg zur Evangelisation in ökumenischer Gemeinschaft und Partnerschaft noch weit ist, müssen Kirchen in partnerschaftlicher Mission:

- ihre Fehler der Vergangenheit bereuen und selbstkritischer über die Art und Weise ihres Umgangs miteinander und über ihre Methoden der Evangelisation nachdenken, um all das in ihren theologischen Äusserungen oder Lehrmeinungen oder ihrer Missionspraxis und -strategie zu überwinden, was auf einen Mangel an Liebe, Verständnis und Vertrauen gegenüber anderen Kirchen hindeutet;
- allen Formen eines Wettbewerbs und Konkurrenzkampfs zwischen den Konfessionen eine Absage erteilen und der Versuchung widerstehen, Proselytenmacherei unter Mitgliedern anderer christlicher Traditionen zu betreiben, weil dies dem Gebet Jesu für die Einheit seiner Jünger (Joh 17,21) widerspricht;
- den Aufbau paralleler kirchlicher Strukturen vermeiden und statt dessen die jeweiligen Ortskirchen in ihrer evangelistischen Arbeit in der Gesellschaft insgesamt sowie in ihrem Verhalten gegenüber den eigenen Mitgliedern, insbesondere den sogenannten nominellen Mitgliedern, anregen und unterstützen und mit ihnen zusammenarbeiten;
- jegliches Manipulieren der humanitären Hilfe für einzelne Christen oder Kirchen verurteilen, mit dem Menschen dazu bewogen werden sollen, ihre Konfessionszugehörigkeit zu wechseln, oder mit dem die missionarischen Ziele einer Kirche auf Kosten einer anderen begünstigt werden sollen;
- Menschen, die ihre kirchliche Zugehörigkeit wechseln wollen, dabei helfen, zu erkennen, ob sie sich von würdigen oder unwürdigen Motiven (beispielsweise gesellschaftlichen Aufstiegsmöglichkeiten oder besseren Lebenschancen) leiten lassen;
- lernen, «wahrhaftig zu sein in der Liebe» zueinander (Eph 4,15), wenn sie andere der Proselytenmacherei oder unehrlicher Praktiken bei der Evangelisation beschuldigen.

Diese christliche Gemeinschaft und Partnerschaft wird nur unter der Voraussetzung möglich sein, dass Christen und Kirchen
- einander in einem wirklichen Dialog zuhören, der das Ziel hat, Ignoranz, Vorurteile oder Missverständnisse zu überwinden, ihre Unterschiede unter dem Blickwinkel der christlichen Einheit zu verstehen und ungerechte Anschuldigungen, polemische, herabsetzende und abweisende Äusserungen zu unterlassen;

- für mehr gegenseitige Information und Verantwortlichkeit in der Missionstätigkeit auf allen Ebenen sorgen – dazu gehört auch, dass man vorher miteinander diskutiert, bevor man Evangelisationsprogramme startet;
- in einem ökumenischen Geist einander in der Missionstätigkeit unterstützen, stärken und ergänzen – dazu gehört auch, dass man vorab die Kirche in dem jeweiligen Gebiet konsultiert, um festzustellen, welche Möglichkeiten einer missionarischen Zusammenarbeit und eines Zeugnisses in Einheit es gibt;
- die Bereitschaft zeigen, von anderen zu lernen – beispielsweise von ihrer dynamischen Kraft, ihrer Begeisterungsfähigkeit und Freude an der Mission, ihrem Gemeinschaftssinn, ihrer Freude am Heiligen Geist, ihrer Spiritualität;
- sich stärker um eine innere Erneuerung in ihren eigenen Traditionen und kulturellen Kontexten bemühen.

Schlussbemerkung

Mit der Weltmissionskonferenz von Salvador «beklagen (wir) die Praxis derer, die ihre Missions- und Evangelisationsbemühungen so gestalten, dass sie die Einheit des Leibes Christi, die Menschenwürde und sogar das Leben und die Kultur derer zerstören, die sie 'evangelisieren'. Wir rufen sie auf, ihre Teilnahme an solcher Praxis zu bekennen und dem Proselytismus abzusagen».[11]

Wir sind zu einer Hoffnung berufen und bekennen uns zu unserem gemeinsamen Missionsauftrag und zu unserem Engagement für eine Mission als Ausdruck der Einheit. Auf der Schwelle zum dritten Jahrtausend bemühen wir uns, in eine neue Ära der «Mission in der Nachfolge Christi» einzutreten, bereichert durch die Gaben, die wir gemeinsam einbringen, und verbunden im Heiligen Geist.

> Wie du, Vater, in mir bist und ich in dir, so sollen auch sie in uns sein, damit die Welt glaube, dass du mich gesandt hast. Und ich habe ihnen die Herrlichkeit gegeben, die du mir gegeben hast, damit sie eins seien, wie wir eins sind, ich

Auf dem Weg zu einem gemeinsamen Zeugnis 61

in ihnen und du in mir, damit sie vollkommen eins seien und die Welt erkenne, dass du mich gesandt hast und sie liebst, wie du mich liebst (Joh 17,21-23).

> **Wir sind zu einer Hoffnung berufen und bekennen uns zu unserem gemeinsamen Missionsauftrag und zu unserem Engagement für eine Mission als Ausdruck der Einheit. Auf der Schwelle zum dritten Jahrtausend bemühen wir uns, in eine neue Ära der «Mission in der Nachfolge Christi» einzutreten, bereichert durch die Gaben, die wir gemeinsam einbringen, und verbunden im Heiligen Geist.**

Empfehlungen

Der Zentralausschuss empfahl den Kirchen das Dokument «Auf dem Weg zu einem gemeinsamen Zeugnis» zur Prüfung und Beschlussfassung und billigte die folgenden Empfehlungen, die die Umsetzung des Dokuments erleichtern sollen:
Der Zentralausschuss empfiehlt

1. den Kirchen und kirchlichen Einrichtungen,
- grössere Anstrengungen zu unternehmen, um ihre Gläubigen in Ortsgemeinden, Sonntagsschulen, Bildungseinrichtungen und Seminaren darin zu unterweisen, die Mitglieder anderer Kirchen als Schwestern und Brüder in Christus zu achten und zu lieben;
- aktiv das Wissen über das Erbe und den Beitrag anderer Kirchen zu fördern, die, ungeachtet aller Unterschiede, denselben Jesus Christus als Gott und Heiland bekennen, denselben dreieinigen Gott anbeten und im gleichen Zeugnis in der Welt engagiert sind;
- Schritte zur Versöhnung zu unterstützen durch die Auseinandersetzung mit historischen Wunden und bitteren Erinnerungen;
- Begegnungen und Gespräche auf lokaler, nationaler und regionaler Ebene (falls notwendig, mit Unterstützung des ÖRK) mit all denen in Gang zu setzen, deren Missionsarbeit als Proselytismus empfunden wird, um

ihnen dabei zu helfen, die eigene Motivation zu verstehen, ihnen die negativen Auswirkungen ihrer Arbeit bewusst zu machen und verantwortliche Beziehungen in der Mission zu fördern;
- Gelegenheiten für eine Zusammenarbeit mit anderen Kirchen in seelsorgerlichen und sozialen Fragen zu suchen, die Ortsgemeinden und Länder als ganze betreffen, und offen zu sein für eine echte Zusammenarbeit mit anderen bei der Erfüllung der Bedürfnisse der Menschen, denen sie dienen;
- gemeinsam den Proselytismus als das Gegenteil eines authentischen Zeugnisses und als Hindernis für die Einheit der Kirche abzulehnen und zur Unterstützung des gemeinsamen Zeugnisses, der Einheit und Verständigung unter den Kirchen, die das Evangelium verkündigen, aufzurufen;
- weiterhin gemeinsam für die christliche Einheit zu beten und Gottes Geist wirken zu lassen, damit er die Kirchen in eine vollkommenere Wahrheit und Glaubenstreue führt;

2. dem Ökumenischen Rat der Kirchen,
- angesichts der zunehmenden Tendenz zu Konfessionalismus und Rivalität unter den Konfessionen seine ökumenische Bildungsarbeit zu verstärken und dafür alle Ressourcen seines Bildungssektors zu nutzen;
- eine Studie über Ekklesiologie und Mission durchzuführen, da viele Punkte, an denen es Spannungen und Spaltungen im Zusammenhang mit dem gemeinsamen Zeugnis gibt, von widersprüchlichen Auffassungen in diesen Bereichen herrühren.

Auch wenn die Hauptverantwortung für die Umsetzung des Dokuments «Auf dem Weg zu einem gemeinsamen Zeugnis» anerkanntermassen bei den Kirchen liegt, sollte der ÖRK eine unterstützende Rolle übernehmen, indem er zum Dialog innerhalb und zwischen den Kirchen anregt.

ANMERKUNGEN

1 Genaugenommen geht die Sorge um den Proselytismus als ein ökumenisches Problem der Gründung des ÖRK sogar voraus. Die Enzyklika des Ökumenischen Patriarchats von 1920, in der die Errichtung einer «Koinonia» der Kirchen vorgeschlagen wurde, rief zur Beendigung jeglichen Proselytismus auf. In den vorbereitenden Konferenzen der Bewegungen für «Praktisches Christentum» und für «Glauben und Kirchenverfassung», die im selben Jahr stattfanden, wurde das Problem des Proselytismus erneut angesprochen. Seit der Gründung des ÖRK ist das Problem des Proselytismus als eines der Hindernisse für die christliche Einheit erkannt worden. Bereits 1954 entschied der Zentralausschuss in Evanston, dass angesichts der Schwierigkeiten, die die Beziehungen unter den ÖRK-Mitgliedskirchen beeinflussten, eine Kommission eingesetzt werden sollte, die das Problem des Proselytismus und der Religionsfreiheit genauer untersuchen sollte. Nach einigen Jahren mühevoller Arbeit entwarf die Kommission eine Erklärung zum «Christlichen Zeugnis, Proselytismus und Glaubensfreiheit im Rahmen des Ökumenischen Rates der Kirchen», die zweimal vom Zentralausschuss überarbeitet wurde (1956 und 1960) und auf der Dritten Vollversammlung des ÖRK in New Delhi (1961) entgegengenommen wurde. Fragen des Proselytismus und des gemeinsamen Zeugnisses werden auch von der Gemeinsamen Arbeitsgruppe der römisch-katholischen Kirche und des Ökumenischen Rates der Kirchen behandelt, die drei wichtige Studiendokumente verfasst hat: *Gemeinsames Zeugnis und Proselytismus* (1970); *Gemeinsames Zeugnis* (1982); *Die Herausforderung des Proselytismus und die Berufung zu gemeinsamem Zeugnis* (1995). Zudem sind in jüngster Zeit zahlreiche Dokumente und Erklärungen zu den Themen «gemeinsames Zeugnis» und «Proselytismus» im Rahmen lokaler und internationaler bilateraler Gespräche zwischen Kirchen erarbeitet worden. Studien sind auch von der Konferenz der Europäischen Kirchen und dem Rat der Kirchen im Mittleren Osten vorgelegt worden.

2 Die katholischen Kirchen mit östlichem Ritus haben ihren Ursprung in jenen Gruppen ehemaliger orthodoxer Christen, die eine vollständige Gemeinschaft mit der römisch-katholischen Kirche um den Bischof von Rom eingegangen sind, jedoch an ihren verschiedenen östlichen liturgischen und kanonischen Traditionen, die sie von ihren Mutterkirchen übernommen haben, festhalten.

3 *Im Zeichen des Heiligen Geistes. Bericht aus Canberra 1991. Offizieller Bericht der Siebten Vollversammlung des Ökumenischen Rates der*

64 Erklärungen zur christlichen Mission

Kirchen, Hrsg. Walter Müller-Römheld, Frankfurt am Main, Lembeck 1991, S.103f.

4 Konferenz für Weltmission und Evangelisation, *Zu einer Hoffnung berufen – Das Evangelium in verschiedenen Kulturen, Salvador, Brasilien, 1996*, Evangelisches Missionswerk in Deutschland (Hg), Frankfurt am Main, Lembeck 1998, Bericht der Sektion IV.

5 Thomas Stransky, «Common Witness». In: *Dictionary of the Ecumenical Movement*, Genf, WCC Publications 1991, S. 197.

6 Santiago de Compostela 1993. Fünfte Weltkonferenz für Glauben und Kirchenverfassung, 3. bis 14. August 1993. Berichte, Referate, Dokumente. Hrsg.: Günther Gassmann und Dagmar Heller, Frankfurt am Main, Lembeck 1994, S.245.

7 ÖRK, Verfassung und Satzung. Darin: Basis.

8 *Bericht aus Nairobi 1975. Ergebnisse – Erlebnisse – Ereignisse. Offizieller Bericht der Fünften Vollversammlung des Ökumenischen Rates der Kirchen, 23. November bis 10. Dezember 1975 in Nairobi/Kenia*. Hrsg.: Hanfried Krüger und Walter Müller-Römheld, Frankfurt am Main, Lembeck 1976, S. 80f. Vgl. auch den Bericht der Orthodoxen Konsultation unter dem Titel: «Mission and Proselytism», Sergiev Possad, Russland, 1993.

9 Vgl. den Bericht der Orthodoxen Konsultation unter dem Titel: «Mission and Proselytism», Sergiev Possad, Russland, 1993.

10 «Revised Report on 'Christian Witness, Proselytism and Religious Liberty in the Setting of the World Council of Churches'». In: *Minutes of the Meeting of the Executive Committee of the World Council of Churches, St Andrews, Scotland, August 1960*, Genf, WCC 1960, S. 214.

11 Konferenz für Weltmission und Evangelisation, Salvador, aaO.

MISSION UND EVANGELISATION IN EINHEIT HEUTE

Präsentation
Dieses Dokument ist keinem der Leitungsgremien des Ökumenischen Rates der Kirchen vorgelegt worden und hat daher nicht den gleichen «offiziellen» Status wie die ersten zwei in dem vorliegenden Buch veröffentlichten Papiere. Ursprung und Vorgeschichte dieses Dokuments werden kurz in den ersten beiden Absätzen beschrieben. Während Anfang der 1990er Jahre eine Überarbeitung der Ökumenischen Erklärung von 1982 anvisiert worden war, beschlossen der ÖRK und seine in der Zeit zwischen Canberra und Harare für Missionsarbeit zuständige Abteilung nach Konsultationen mit Missionstheologen/innen und -werken, mit Kirchen und der Mitgliedschaft, diesen Gedanken wieder aufzugeben und stattdessen eine Erklärung auszuarbeiten, die neue Erkenntnisse, Schwerpunkte und Entwicklungen seit 1982 zusammenfassen und so den einzigartigen Stellenwert der Ökumenischen Erklärung als wichtigstes offizielles Missionsdokument des ÖRK aufrechterhalten würde.

Ein erster Entwurf des Dokuments wurde 1996 auf der Weltmissionskonferenz in Salvador da Bahía, Brasilien, diskutiert und es stellte sich heraus, dass das Papier grundlegend überarbeitet werden musste. In den Jahren nach Salvador wurde ein neuer Anfang gemacht und die überarbeitete Erklärung wurde einem der Padare-Workshops auf der Vollversammlung 1998 in Harare vorgelegt. Eineinhalb Jahre später, im Jahr 2000, wurde das Dokument zusammen mit den wichtigsten Stellungnahmen, die auf der Vollversammlung gesammelt worden waren, der neuen Kommission für Weltmission und Evangelisation (CWME-Kommission)[1] auf ihrer ersten Tagung in Morges, Schweiz, vorgelegt. Die CWME-Kommission nahm die Erklärung als Studiendokument an, das als Grundlage für Reflexion und Dialog über Mission im Vorfeld der nächsten Weltmissionskonferenz dienen sollte.

Besondere Erwähnung verdient die in diesem Dokument enthaltene Definition der Begriffe «Mission» und «Evangelisation»,[2] da sie explizit formuliert, was in früheren Texten lediglich implizit enthalten war. Wenn auch viele Menschen ihr Verständnis von Mission und Evangelisation nicht mit denselben Worten zum Ausdruck bringen würden, so sind dies doch die in ökumenischen Kreisen am häufigsten verwendeten Definitionen.[3]

Das Dokument stellt die *missio Dei* ganz klar als übergreifendes Konzept für das Verständnis christlicher Mission dar. Es stellt sie in Bezug zu Gott, dem Vater, dem Sohn und dem Heiligen Geist, und bekräftigt so den Übergang von einem ausschließlich christozentrischen zu einem trinitarischen Missionsverständnis. Der Text weicht jedoch nicht vom allgemeinen ökumenischen Konsens ab, wenn er die Besonderheit der Rolle des Heiligen Geistes in der Mission betont, ohne das Wirken des Geistes vom Wirken Christi zu trennen.[4]

Das Dokument will auch einen Überblick darüber geben, wie Missionstheologen/innen, die mit dem ÖRK in Verbindung stehen, Entwicklungen im wirtschaftlichen, politischen und gesellschaftlichen Leben seit 1989 sowie Entwicklungen im kirchlichen Leben verstehen und interpretieren. Dies liefert den Hintergrund für die Auslegung des Begriffs der Fülle des Lebens, den das Dokument als Schlüsselbegriff verwendet, um Gottes Mission inhaltlich zu beschreiben, wie auch des Aufrufs zu einem Leben in Gemeinschaft, das etwas von Gottes eigener Gemeinschaft in der Dreieinigkeit widerspiegelt.[5] Die zwei nachfolgenden Kapitel enthalten keine neuen theologischen Erkenntnisse, sondern stellen den Versuch dar, die Ergebnisse der Weltmissionskonferenzen zusammenzufassen, die seit der Veröffentlichung der Ökumenischen Erklärung stattgefunden haben – San Antonio (1989) und Salvador (1996) –, wobei der Schwerpunkt auf zwei zentrale Themen gelegt wird, die in der Ökumenischen Erklärung nicht ausführlich behandelt werden: die Beziehung zwischen Evangelium und Kulturen[6] und die missionstheologische Interpretation der Beziehung zwischen dem christlichen Glauben und anderen Religionen.[7]

Das lange Kapitel zur Mission in Einheit nimmt Bezug auf das Dokument zum gemeinsamen Zeugnis von 1997, geht jedoch darüber hinaus, indem es die Frage des Miteinanderteilens von Macht und Ressourcen in der weltweiten Missionsarbeit und den internationalen Missionsstrukturen anspricht. Die abschließenden Punkte sind bemerkenswert: sie enthalten eine klare Formulierung der öku-

menischen Überzeugungen und Verpflichtungen,[8] die als Zusammenfassung der ökumenischen Missionstheologie zu Beginn des zweiten Jahrtausends gelesen werden kann.
Mit diesem Dokument hat die CWME-Kommission die Grundlagen für die inhaltliche Arbeit der nächsten Weltmissionskonferenz gelegt.

JM

ANMERKUNGEN

1 Die CWME-Kommission existiert seit 1961, aber nach der Vollversammlung in Canberra, auf der sie in die Kommission der Einheit II integriert wurde, änderten sich ihr Name und Aufgabenbereich. 1998 in Harare wurde sie wieder als CWME eingerichtet.
2 *Mission und Evangelisation in Einheit heute*, §7.
3 Auch wenn dies theoretisch und weltweit gesehen zutreffen mag, muss doch gesagt werden, dass einer dieser Begriffe in bestimmten Kontexten so stark mit negativen Erinnerungen belastet ist, dass er nicht verwendet werden kann. Bisweilen trifft dies auf beide Begriffe («Mission» und «Evangelisation») zu und in diesem Fall muss das Wort «Zeugnis» verwendet werden. Andere Personen wiederum, die mit den Missionsnetzwerken des ÖRK zusammenarbeiten, verwenden unterschiedslos beide Begriffe und wollen sie nicht voneinander abgrenzen. Es ist jedoch wichtig, bei terminologischen Fragen so klar wie möglich zu sein. In einigen römisch-katholischen Texten wird der Begriff «Evangelisation» z.B. vorzugsweise für das allumfassende ganzheitliche Zeugnis gebraucht, während «Mission» sich auf den spezifischen Dienst der kulturübergreifenden Missionsarbeit, das Zeugnis gegenüber Menschen, die Christus noch nicht kennen, bezieht *(missio ad gentes)*.
4 § 12. Dies stimmt mit dem von Glauben und Kirchenverfassung 1991 veröffentlichten Kommentar zum Nizänischen Glaubensbekenntnis überein. Vgl. *Gemeinsam den einen Glauben bekennen: eine ökumenische Auslegung des apostolischen Glaubens, wie er im Glaubensbekenntnis von Nizäa-Konstantinopel (381) bekannt wird;*

68 Erklärungen zur christlichen Mission

Studiendokument der Kommission für Glauben und Kirchenverfassung (übersetzt vom Sprachendienst des ÖRK und Renate Sbeghen), 2. Auflage, Lembeck Frankfurt am Main 1993, S. 83.

5   Seit der Konferenz in Melbourne 1980 (Sektion III) haben ÖRK-Missionskonferenzen zunehmend die Bedeutung der Gemeinschaft betont. 1989 in San Antonio wurde dieses Thema vor allem in Sektion IV und in Salvador in Sektion III diskutiert. Diese Entwicklung verstärkte sich noch in den Jahren nach der Annahme von Mission und Evangelisation in Einheit heute.

6   Inkulturation und Kontextualisierung waren wichtige Themen auf der Weltmissionskonferenz in Bangkok 1972-73, die den Schwerpunkt auf kulturelle Identität legte. Erst im Verlauf des Studienprozesses zu Evangelium und Kulturen, der den größten inhaltlichen Beitrag zur Konferenz 1996 in Salvador leistete, wurde diese Frage in der Missionstheologie des ÖRK in ganz neuer Weise wieder aufgegriffen.

7   Der Bericht von Sektion I der Konferenz in San Antonio enthält eine Aussage, die einen Meilenstein in der ökumenischen Diskussion darstellt und auch heute noch den ökumenischen Konsens in dieser schwierigen Frage zum Ausdruck bringt, vgl. § 58 von *Mission und Evangelisation in Einheit heute*.

8   §§ 76 und 77.

MISSION UND EVANGELISATION IN EINHEIT HEUTE

Einleitung

1. Die ökumenische Bewegung hat ihre Ursprünge in der missionarischen Bewegung, denn die heutige Suche nach der Einheit der Kirche nahm im Rahmen der Missionstätigkeiten ihren Anfang. Die Missionare zählten zu den ersten, die nach Wegen und Stilen des Zeugnisses in der Einheit suchten und anerkannten, dass der Skandal der christlichen Spaltungen und konfessionellen Rivalitäten die Wirkung ihrer Botschaft erheblich beeinträchtigte.

2. Das Anliegen von Mission und Evangelisation in der Einheit hat stets auf der ökumenischen Tagesordnung gestanden, vor allem seit 1961, als sich der Internationale Missionsrat mit dem Ökumenischen Rat der Kirchen vereinigte. In diesem Kontext gab die damalige Kommission für Weltmission und Evangelisation 1982 «Mission und Evangelisation: eine ökumenische Erklärung» heraus. Diese Erklärung fasste auf umfassende Weise etliche der wichtigsten Aspekte der Mission zusammen, darunter verschiedene Verständnisse von Mission und ihrer biblischen und theologischen Grundlage. Sie machte sich die Verständnisse zu Eigen, die bereits bei den Diskussionen des vorherigen Jahrzehnts erzielt worden waren, und erweiterte diese in einer umfassenderen Sichtweise. So konnten ökumenische Aussagen über Mission und Evangelisation im Kontext der Welt Anfang der 1980er Jahre gemacht werden.

3. Die Erklärung von 1982, die vom Zentralausschuss des ÖRK gebilligt wurde, ist von den Kirchen positiv und in weiten Kreisen aufgenommen worden. Sie wurde von Missionsgesellschaften, theologischen Hochschulen, Ortsgemeinden und einzelnen Christen benutzt. Sie hat in diesen Jahrzehnten neue Auffassungen von Mission und Evangelisation gefördert und das Streben nach einem Zeugnis in der Einheit inspiriert, angeregt und gestärkt. Die Erklärung wurde weit über die Grenzen der Mitgliedskirchen des ÖRK hinaus bekannt.

4. Seit 1982 hat sich vieles auf der Welt verändert, und die Kirchen stehen vor neuen Herausforderungen in der Mission. Zwei Weltmissionskonferenzen sind unter der Schirmherrschaft des ÖRK veranstaltet worden, eine in San Antonio, USA (1989), und eine in Salvador, Brasilien (1996). Wichtige Missionsanliegen wur-

den auch auf der Siebten Vollversammlung des ÖRK in Canberra, Australien (1991), angesprochen. Im Kontext der neuen Weltlage und frischer missiologischer Erkenntnisse und Erfahrungen haben etliche ÖRK-Mitgliedskirchen darum gebeten, dass eine neue Erklärung über Mission und Evangelisation ausgearbeitet wird, um den Kirchen gemeinsam zu einer angemessenen und sinnvollen Missionspraxis zu verhelfen.

5. Als Reaktion auf diese Bitten beschloss der ÖRK die Ausarbeitung einer weiteren Erklärung, um Christen und Kirchen bei ihrer Missions- und Evangelisationsaufgabe in Einheit an der Schwelle zu einem neuen Jahrtausend zu helfen. Der vorliegende Text, der im März 2000 von der ÖRK-Kommission für Weltmission und Evangelisation (CWME) als Studiendokument angenommen wurde, wird in der Hoffnung vorgelegt, dass er die Reflexion über Wesen, Inhalt und Implikationen des Evangeliums Jesu Christi in den verschiedenartigen, gleichzeitig aber auch miteinander verbundenen Kontexten kirchlichen Lebens und treuen Zeugnisses vom Evangelium anregt, damit alle Menschen überall die Gelegenheit haben, das Evangelium zu hören und daran zu glauben.

6. Das vorliegende Dokument ersetzt nicht die Erklärung von 1982, und es fördert eine Missionstheologie auch nicht auf andere Weise, als es in dieser Erklärung ökumenisch vereinbart worden war. *Es hat eine eigene Identität und versucht, die Verpflichtung der Kirchen zu Mission und Evangelisation in der Einheit innerhalb des Kontextes der Herausforderungen, vor denen sie heute stehen, neu zu artikulieren.*

7. **Verwendung der Terminologie**. Manche Christen und Kirchen verstehen und benutzen die Begriffe «Mission» und «Evangelisation» unterschiedlich, auch wenn sie miteinander verbunden sind; andere halten sie für praktisch identisch in Bedeutung und Inhalt. In diesem Papier werden die beiden Begriffe nicht gleich benutzt.

a) «Mission» hat eine ganzheitliche Bedeutung: die Verkündigung und das Miteinanderteilen der Frohen Botschaft des Evangeliums durch Wort *(kerygma)*, Tat *(diakonia)*, Gebet und Gottesdienst *(leiturgia)* und das alltägliche Zeugnis des christlichen Lebens *(martyria)*; Lehre als Aufbau und Stärkung der Menschen in ihrer Beziehung zu Gott und zueinander und Heilung als Ganzheit und Versöhnung zu koinonia – Gemeinschaft mit Gott, Gemeinschaft mit Menschen und Gemeinschaft mit der Schöpfung als Ganzer.

b) «Evangelisation» schliesst diese verschiedenen Dimensionen der Mission nicht aus, doch der Schwerpunkt liegt hier auf der ausdrücklichen und absichtsvollen Bezeugung des Evangeliums, darunter die Einladung zur persönlichen Umkehr zu einem neuen Leben in Christus und zur Nachfolge.

8. Das Konzept der «Mission in der Einheit» bezieht sich auf die Suche nach Wegen zu einem gemeinsamen Zeugnis in Einheit und Zusammenarbeit – trotz unterschiedlicher Ekklesiologien – im Kontext der brennenden Herausforderungen an die Kirchen in aller Welt heute, «damit die Welt glaube» (Joh 17,21), wobei jegliche Form von konfessioneller Rivalität oder Konkurrenz zu vermeiden ist. Das bedeutet keine unrealistische Superkirchen-Ekklesiologie und leugnet auch nicht die intrinsische Beziehung zwischen Mission und Ekklesiologie.

A. Mission und Evangelisation in der Einheit: Eine Verpflichtung und eine Berufung

9. Mission steht ihm Mittelpunkt des christliche Glaubens und der christlichen Theologie. Sie ist keine Option, sondern ein existentieller Ruf und eine existentielle Berufung. Mission gehört zum eigentlichen Wesen der Kirche und aller Christen und bedingt dieses.

10. Der von der Schrift offenbarte Gott ist nicht statisch, sondern er stellt Beziehungen her und ist missionarisch: ein Gott, der stets als Herr der Geschichte offenbart worden ist, der Gottes Volk zur Fülle des Lebens durch seine Bünde, das Gesetz und die Propheten geführt hat, die Gottes Willen bekundet und die Zeichen der Zeit gedeutet haben; ein Gott, der durch den fleisch-gewordenen Sohn, unseren Herrn Jesus Christus, in die Welt kam, der menschliche Gestalt annahm und unser menschliches Dasein mit uns teilte und einer von uns wurde, am Kreuz starb und von den Toten auferstand; ein Gott, der in der Kraft des Heiligen Geistes die Menschen und die ganze Schöpfung liebt, sich ihrer annimmt und sie erhält und sie zur Heilung und Verwandlung führt.

11. Die Mission Gottes *(missio Dei)* kennt keine Grenzen oder Schranken; sie geschieht in der ganzen Menschheit und der ganzen Schöpfung die ganze Geschichte hindurch. Jesu Gleichnisse vom Barmherzigen Samariter und von den Schafen und den Böcken und sein Dialog mit der Frau aus Syrophönizien weisen deutlich in diese Richtung. Die Apologeten der frühen Kirche haben diese Idee im Rahmen des Dialogs mit den Menschen ihrer Zeit weiterentwickelt. Auf der Grundlage von Johannes I. erklärten sie, dass das Logos (Wort), Gottes ko-ewiger und konsubstantieller Sohn, mit dem Vater und dem Heiligen Geist in allen Handlungen Gottes gegenwärtig war und ist und dass die Welt durch das Wort geschaffen wurde. Gott sprach, und «der Geist Gottes schwebte auf dem Wasser» (1. Mose 1,2). Im Heiligen Geist, sagten sie, sprach Gott deutlich und ausdrücklich durch das Wort, nicht nur zu den Propheten des Alten Testamentes, sondern auch (wenn auch anders) zu Menschen anderer Völker und Religionen. Als aber die Zeit erfüllt war (Gal 4,4), ward das Wort «Fleisch und wohnte unter uns» (Joh 1,14) und kam «in sein Eigentum» (Joh 1,11).

12. Ein trinitarischer Ansatz zur *missio Dei* ist deshalb wichtig. Zum einen fördert dies ein inklusiveres Verständnis von Gottes Gegenwart und Wirken in der ganzen Welt und unter allen Menschen, was impliziert, dass Zeichen von Gottes Gegenwart festgestellt und bekräftigt werden können und sollten und dass mit ihnen gearbeitet werden kann und sollte, selbst an den unerwartetsten Orten. Zum anderen wird dadurch, dass deutlich ausgesagt wird, dass der Vater und der Geist Gottes stets und in allen Situationen gegenwärtig sind und gemeinsam mit dem Wort wirken, die Versuchung vermieden, die Gegenwart Gottes oder des Geistes von der des Sohnes Gottes, Jesu Christi, zu trennen.

13. Die Mission Gottes *(missio Dei)* ist Quelle und Fundament der Mission der Kirche, des Leibes Christi. Durch Christus im Heiligen Geist wohnt Gott der Kirche inne und befähigt und kräftigt ihre Glieder. Mission wird so für Christen zu einem dringenden inneren Zwang, gar einem mächtigen Test und Kriterium für ein authentisches Leben in Christus, verwurzelt in den umfassenden Forderungen der Liebe Christi, andere dazu einzuladen, an der Fülle des Lebens teilzuhaben, die zu bringen Jesus gekommen ist (Joh 10,10). Die Teilnahme an der Mission Gottes sollte deshalb für

alle Christen und alle Kirchen und nicht nur für bestimmte Einzelpersonen oder spezialisierte Gruppen etwas ganz Natürliches sein. Der Heilige Geist gestaltet Christen um zu lebendigen, mutigen und kühnen Zeugen (vgl. Apg 1,8). «Wir können's ja nicht lassen, von dem zu reden, was wir gesehen und gehört haben» (Apg 4,20), lautet die Antwort des Petrus und des Johannes, als ihnen befohlen wurde, von Jesus zu schweigen, oder mit den Worten des Paulus gesagt: «Denn dass ich das Evangelium predige, dessen darf ich mich nicht rühmen, denn ich muss es tun. Und wehe mir, wenn ich das Evangelium nicht predigte» (1. Kor 9,16).

14. Christen sind aufgerufen, durch Metanoia «den Sinn Christi» zu haben (2. Kor 2,16), Träger von Gottes Mission in der Welt zu sein (Mt 28,.19-20, Mk 16,15), die Zeichen von Gottes Gegenwart festzustellen und sie durch Zeugnis und Zusammenarbeit mit allen Menschen guten Willens zu bekräftigen und zu fördern und Mitarbeiter Gottes (1. Kor. 4,1) zur Verwandlung der ganzen Schöpfung zu sein. So ist das Ziel der Mission «eine versöhnte Menschheit und erneuerte Schöpfung», und «die Vision von Gott, der alle Dinge in Christus zusammenfasst, ist die treibende Kraft des Lebens und Miteinanderteilens der Kirche».[1] «Die Kirche ist in die Welt gesandt, um Menschen und Nationen zur Busse zu rufen, Vergebung der Sünden und einen Neuanfang in den Beziehungen mit Gott und den Nächsten durch Jesus Christus zu verkünden.»[2]

15. Die Mission der Kirche in der Kraft des Geistes besteht darin, Menschen in die Gemeinschaft mit Gott, miteinander und mit der Schöpfung zu berufen. Dabei muss die Kirche die intrinsische und untrennbare Beziehung zwischen Mission und Einheit achten. Die Kirche hat die Aufgabe, die Einheit zu leben, um die Jesus für sein Volk betet, «damit sie alle eins seien... damit die Welt glaube» (Joh 17, 21). Diese Überzeugung muss in der Gemeinschaft, zu der die Menschen eingeladen sind, verkündet und bezeugt werden.

16. Mission in der Nachfolge Jesu Christi ist *holistisch*, denn der ganze Mensch und die Gesamtheit des Lebens sind untrennbar in Gottes Heilsplan, der sich in Jesus Christus erfüllt hat. Sie ist *lokal* – «die primäre Verantwortung liegt dort, wo es eine Ortskirche gibt, bei dieser Kirche an ihrem Ort». Sie ist auch *universal*, das heisst, für alle Menschen, über alle Schranken von Rasse, Kaste,

Geschlecht, Kultur, Nation hinweg – «bis an das Ende der Erde» in jedem Sinne (vgl. Apg 1,8; Mk 16,15; Lk 24,47).

17. «Seine [Jesu Christi] Geschichte zu erzählen, ist das besondere Privileg der Kirchen in Gottes umfassender Mission.»[4] Evangelisation umfasst die Erläuterung des Evangeliums – «Rechenschaft über die Hoffnung, die in euch ist» (1.Petr 3,15) – sowie eine Einladung, an den dreieinigen Gott zu glauben, Jünger Christi zu werden und der Gemeinschaft einer bestehenden Ortskirche beizutreten. «Die Verkündigung von Jesus Christus erfordert eine persönliche Antwort. Das lebendige Wort Gottes ist niemals extern, beziehungslos, zusammenhanglos, sondern ruft stets zur persönlichen Umkehr und Gemeinschaft in Beziehung zu anderen auf. Eine solche Umkehr ist mehr als die Aneignung einer Botschaft: sie ist eine Verpflichtung zu Jesus Christus, die Nachahmung seines Todes und seiner Auferstehung auf sehr sichtbare und spürbare Weise. Was mit einer persönlichen Verpflichtung beginnt, muss jedoch unmittelbar zu einer Beziehung zu anderen Gliedern des Leibes Christi, der Zeugnis ablegenden Ortsgemeinde, werden.»[5]

B. Kontext der Mission heute: Aktuelle Tendenzen

18. Ein bedeutender Aspekt des aktuellen Kontextes der Mission ist der der **Globalisierung** – ein relativ neues Phänomen, das mit der wirtschaftlichen Entwicklung, Veränderungen der globalen Kommunikationsmittel und der sich daraus ergebenden Auferlegung einer neuen Monokultur und einer damit zusammenhängenden Reihe von Werten auf die meisten Gesellschaften zu tun hat. Diese Tendenzen sind natürlich nicht völlig neu, doch die politischen Veränderungen Ende der achtziger Jahre gestatten ihnen, heute die ganze Welt unbehindert durch irgendwelche globalen Gegenkräfte zu beeinflussen.

19. Ein entscheidender Aspekt der Globalisierung ist die zunehmende Liberalisierung der Wirtschaft, gekennzeichnet durch den weltweiten unbegrenzten Kapitalfluss auf der Suche nach dem höchsten Profit in der kürzesten Zeit. Diese Finanztransaktionen haben ihre eigenen Gesetze, die meistens nichts mit der wirklichen Erzeugung von Wirtschaftsgütern oder der Erbringung von

Dienstleistungen zu tun haben. Sie haben unvorhersehbare Auswirkungen und schaden den Volkswirtschaften, sodass Regierungen und internationale Institutionen praktisch keine Möglichkeit haben, Einfluss auf sie zu nehmen. In diesem Sinne ist die Globalisierung eine Herausforderung und eine Bedrohung des Fundaments der menschlichen Gesellschaft.

20. Nach dem Zusammenbruch des Kommunismus ist der freie Markt das einzig weltweit verbreitete System geworden. Wirtschaftliche Erwägungen sind das Hauptkriterium für menschliche Beziehungen geworden. Der gesamte Bereich der heutigen sozialen Gegebenheiten, auch der Menschen selbst, wird in wirtschaftlichen und finanziellen Kategorien definiert und zu ihnen in Beziehung gesetzt. Auf dem globalen Markt sind Menschen insofern wichtig, als sie Verbraucher sind. Nur die Stärkeren und Wettbewerbsfähigeren überleben. Wer für den Markt keinen Wert hat – arme, kranke, arbeitslose, machtlose Menschen –, wird einfach an den Rand der Gesellschaft gedrängt. Ausgrenzung, begleitet von struktureller, geistlicher und physischer Gewalt, hat in den meisten Teilen der Welt unerträgliche Ausmasse angenommen. Die Auswirkung der Globalisierung auf die sogenannten Entwicklungsländer und -regionen ist eine Frage von Leben und Tod: die fundamentalen menschlichen Bedürfnisse wie Wohnung, Gesundheitsversorgung, Ernährung und Bildung für die Ärmsten werden heute weniger erfüllt als vor dreissig Jahren. Das hat zu der zunehmenden «wirtschaftlichen Migration» von Arbeitern und Arbeiterinnen sowie Angehörigen der Landbevölkerung und der Urvölker geführt, die nach Arbeitsplätzen suchen oder von ihrem Land vertrieben wurden.

21. Eine der Folgen dieser Tendenz ist die zunehmende Verschlechterung der Umwelt. Die Natur wird an vielen Orten brutal ausgebeutet, was zu ökologischen Krisen und Katastrophen führt, die sogar das weitere Leben auf unserem Planeten gefährden.

22. Ein zweiter Aspekt der Globalisierung hat mit der neuen Informationstechnologie und Möglichkeiten der Massenkommunikation zu tun, deren beschleunigte Entwicklung und Wachstum menschliche und soziale Beziehungen umgestaltet. Auf den ersten Blick hat es den Anschein, dass der alte Traum, die Welt eins zu machen, endlich Wirklichkeit wird. Der Globus

scheint sehr klein zu werden. Menschen in allen Teilen der Welt können von den neuen technologischen Entwicklungen profitieren und tun dies. Die wechselseitige Kommunikation floriert. Neue wissenschaftliche und medizinische Entdeckungen können sofort weltweit verbreitet werden. Die neuen elektronischen Kommunikationsmittel lassen sich für den menschlichen Fortschritt einspannen, für die Schaffung einer transparenteren und offeneren Welt, für die Verbreitung von Informationen über Menschenrechtsverletzungen und die Verbrechen von Diktatoren. Sie helfen Basisbewegungen und Kirchen weltweit, sich effizienter zu vernetzen. Aber sie werden auch von rassistischen und kriminellen Gruppen genutzt und insbesondere von denen, die innerhalb von Sekunden Millionen von Dollars dorthin bewegen, wo sie die grössten Profite erzielen. Wer keinen Zugang zu den neuen Kommunikationsnetzen hat, hat unter diesem Ausschluss zu leiden.

23. Durch Globalisierungsprozesse verbreiten sich die in westlichen Kulturen verwurzelten Werte der **Postmoderne** rasch über den ganzen Globus. Die Identität der Menschen läuft Gefahr, im Schmelztiegel der stark verlockenden und attraktiven Monokultur und ihrer neuen Werte verwässert oder geschwächt zu werden. Die Vorstellung der Zugehörigkeit zu einer Nation selbst wird ernsthaft in Frage gestellt. Der Individualismus wird dem Leben in der Gemeinschaft vorgezogen. Traditionelle Werte, die früher als öffentliche Werte gelebt wurden, werden heute privatisiert. Selbst die Religion wird als Privatangelegenheit betrachtet. Persönliche Erfahrung tritt an die Stelle von Vernunft, Wissen und Verständnis. Dem Wort werden Bilder vorgezogen, die eine grössere Auswirkung auf Menschen in bezug auf Bekanntmachung, Förderung und Vermittlung von «Wahrheiten» und Gütern haben. Die Bedeutung des gegenwärtigen Augenblicks wird hervorgehoben; Vergangenheit und Zukunft zählen kaum noch. Menschen werden überzeugt zu glauben, dass sie die Herren ihres eigenen Lebens sind und es ihnen deshalb freisteht zu wählen, was ihnen passt.

24. Die sich ausbreitende Monokultur betrifft noch nicht die ganze Welt in gleichem Masse. Am meisten werden diejenigen Menschen von den neuen kulturellen Tendenzen beeinflusst, die am Markt teilhaben können, insbesondere die in den Machtzentren jedes Landes und jeder Region. Welche Wechselwirkung die Werte

der Postmoderne mit den verschiedenen menschlichen Kulturen haben werden, lässt sich nicht völlig voraussagen. Es wächst der Widerstand gegen diese subtile neue Form von Imperialismus bei Basisorganisationen und Gemeinschaften, Urvölkern, Kirchen der Armen sowie Kulturen, die in starken religiösen Weltbildern verwurzelt sind.

25. Die zentripetalen Kräfte der Globalisierung werden von zentrifugalen Kräften der Zersplitterung begleitet, die immer stärker zu spüren sind. Diese **Zersplitterung** wird auf persönlicher, nationaler und internationaler Ebene erfahren. Traditionelle Familienstrukturen brechen zusammen. Scheidungen haben einen beispiellosen Rekord erreicht, und die Zahl der Alleinerziehenden nimmt vielerorts zu. Auf nationaler Ebene hat das Vakuum, das durch den Zusammenbruch der totalitären Regime in Osteuropa und dessen Auswirkungen auf die übrige Welt geschaffen wurde, Aufruhr, Spannungen und Zersplitterung zwischen und in den ziemlich künstlichen staatlichen Gebilden verursacht, die aus der Zeit vor 1989 stammen. Neue Staaten sind nach ethnischen und Stammesgesichtspunkten entstanden. Völker, die seit Generationen zusammengelebt haben, können einander nicht mehr ertragen. Kulturelle und ethnische Identitäten werden dazu genutzt, um andere Identitäten zu unterdrücken. «Ethnische Säuberungen» und Völkermord finden in vielen Teilen der Welt statt und bringen ungeheures Leid, verstärken Hass und schaffen die Voraussetzungen für weitere Gewaltanwendung gegen Mensch und Schöpfung.

26. Der aktuelle Kontext der Mission umfasst auch **Tendenzen innerhalb der Kirchen**. In vielen Teilen der Welt wachsen Kirchen dramatisch. Das gilt für Kirchen – darunter die Grosskirchen – in benachteiligten Gemeinschaften, Pfingstkirchen oder in Afrika entstandene Kirchen wie auch für charismatische Erneuerungsbewegungen, insbesondere, aber nicht ausschliesslich, im Süden. Selbst in den wohlhabenderen Ländern, wo die Postmoderne Einstellungen und Überzeugungen beeinflusst, erleben Menschen im Blick auf Gemeinschaftsleben und Gottesdienst neue Wege, «Kirche zu sein». Eine wachsende Zahl der starken missionarischen Bewegungen, die sich anderen Teilen der Welt zuwenden, befindet sich im Süden.

27. Einige, aber nicht alle dieser Kirchen scheinen ein ganzheitliches Zeugnis für das Evangelium anzustreben. Die stark wettbewerbsorientierte Umwelt des freien Marktes verstärkt viele Kirchen und parakirchlichen Bewegungen in ihrem Verständnis von der Mission als Versuch, neue «Kunden» anzuziehen und zu werben, und gleichzeitig die alten zu behalten. Ihre Programme und Lehren werden als «religiöse Produkte» dargeboten, die für potentielle neue Mitglieder anziehend und attraktiv sein müssen. Sie beurteilen den Erfolg ihrer Mission aus der Sicht von Wachstum, der Zahl der Bekehrten oder der neu gegründeten Kirchen. Leider gehörten ihre «neuen Mitglieder» sehr häufig schon anderen Kirchen an. So ist Proselytismus (als Wettbewerb und «Schafestehlen») eines der grossen heutigen Probleme für die Kirchen.

28. Nach so vielen Jahrzehnten des ökumenischen Dialogs und des gemeinsamen Lebens gibt es eine paradoxale Wiederbelebung des Konfessionalismus, was zweifellos mit dem Zersplitterungsprozess zusammenhängt. Denominationen sind Zeichen des Reichtums der Charismen und der geistlichen Gaben im Haushalt Gottes, wenn sie konstruktiv zu einem besseren gemeinsamen Verständnis des Evangeliums und der Mission der Kirchen auf dem Wege zur Einheit beitragen. Doch vielen Kirchen scheint es mehr um die Bestätigung und Stärkung ihrer eigenen konfessionellen und denominationalen Identität zu gehen als um ökumenische Bemühungen. Manchen Menschen ist mehr daran gelegen, ihre missionarische und diakonische Arbeit allein, parallel oder sogar in Konkurrenz zu anderen zu leisten, und die Zahl der fundamentalistischen und anti-ökumenischen christlichen Gruppen scheint zuzunehmen.

29. Schliesslich breiten sich überall verschiedene Arten von neuen religiösen Bewegungen aus, die ihre Anhänger von traditionell christlichen Familien und sogar unter aktiven Kirchengliedern anwerben. Die Kirchen und ihre Lehren werden häufig angegriffen und verurteilt, während neue, modernere und attraktivere Botschaften verbreitet werden.

30. Die obige kurze Beschreibung des Gesamtkontextes kann natürlich nicht die wichtigen Unterschiede und sogar entgegengesetzten Schwerpunkte in verschiedenen Regionen und örtlichen Situationen berücksichtigen. Dennoch lässt sich sagen, dass dies

die «Welt» ist, in der die Kirchen aufgerufen sind, ein klares, authentisches Zeugnis für das Evangelium abzulegen und lebensfähige Alternativen für die Zukunft zu entwickeln, die der Mission in der Nachfolge Jesu Christi treu sind.[6]

C. Missionsparadigmen für unsere Zeit

1. Berufen, an der Mission Gottes zur Fülle des Lebens teilzuhaben

31. Die sich rasch ausbreitende Globalisierung, die in der ungezügelten und unkontrollierten freien Marktwirtschaft und in der Hochtechnologie Ausdruck findet und die den Wert der gesamten Realität auf wirtschaftliche und finanzielle Kategorien reduziert, konfrontiert die Mission der Kirche mit dem wachsenden Phänomen der Dehumanisierung. In Kontexten von Armut und unmenschlicher Ausbeutung wird dies als täglicher Kampf um die elementarsten Bedürfnisse des Lebens erfahren, sogar um das Leben selbst. In anderen Kontexten und im Rahmen von Hoffnungslosigkeit, Entmutigung und Entfremdung – erfahren als Mangel an Sinngebung in der Gegenwart und als Mangel an Hoffnung für die Zukunft – nimmt die Selbstmordrate (vor allem bei jüngeren Menschen) zu und Apathie ist «in». In allen Fällen ist die Kirche aufgerufen, die Frohe Botschaft von Jesus Christus unerschrocken zu verkündigen und an der Mission Gottes zur Fülle des Lebens teilzuhaben. Die Mission der Kirche ist es, mutig und beharrlich den einzigartigen und ewigen Wert eines jeden Menschen als zum Bilde des heiligen, mächtigen und unsterblichen Gottes geschaffen zu bestätigen.

32. Im Kontext des menschlichen Reduktionismus und der geistlichen Gefangenschaft gibt es Zeichen der Suche nach Sinngebung, Erfüllung und Spiritualität. Eine frische neue missionarische Begeisterung ist heute offenkundig, und neue christliche Gemeinschaften entstehen.

33. Auf der anderen Seite wird die Zunahme neuer religiöser Begeisterung und die Suche der Jugend insbesondere nach religiösen Erfahrungen zu einem charakteristischen Merkmal unserer Zeit. Häufig hat eine solche Suche und haben sich daraus ergebende Erfahrungen jedoch zu schmerzlichen Ergebnissen geführt, da

der unsere heutige Situation beherrschende Geist auch Versuche zu einer befreienden, erfüllenden Spiritualität geprägt hat. Durch die heute so verbreitete Brille der Erfüllung und Erfahrung des Individuums gesehen, wird Spiritualität häufig als eine Reihe von Techniken und Methoden für persönliches Wachstum, ganzheitliche Gesundheit, Klarheit des Geistes und Kontrolle der Sinne verstanden. Mit anderen Worten die Quelle der Erfüllung und der Sinngebung wird nicht in einer Beziehung zu einem persönlichen Gott gesehen, der sowohl transzendent als auch immanent ist, sondern in dem Versuch, die göttlichen Kräfte zu «erwecken», die bereits im Menschen gegenwärtig sind, wenn auch schlummernd.

34. Angesichts solcher Herausforderungen besteht die Mission der Kirche darin, auf die Bedürfnisse und das Suchen der Menschen zu reagieren und ihnen zu helfen, angemessene Antworten und Ausrichtungen auf der Grundlage der Schrift und der Erfahrung der Kirche durch die Zeiten hindurch zu entdecken. Es ist an der Zeit, in Wort und Tat zu bezeugen, dass die Quelle des Lebens, der Sinn und die Erfüllung der dreieinige Gott ist, der im Leben Jesu von Nazareth voll offenbart und manifestiert wurde. Durch seinen Tod am Kreuz wurde der Tod besiegt, und durch seine Auferstehung wurde authentische Sinngebung und das letztgültige Ziel sowie die Berufung der Menschheit in ein Leben in seiner ganzen Fülle umgestaltet. Im christlichen Leben führt das Aufnehmen des eigenen Kreuzes – mit allen Schmerzen, die der Tod des alten Selbst bedeuten kann – stets zu einer freudigen und erfüllenden Erfahrung der Auferstehung in einer neuen Schöpfung (2. Kor 5,17). Aus den Erfahrungen einer «solchen Wolke von Zeugen» (Heb 12,1) über die Jahrhunderte hinweg muss deshalb die Botschaft vermittelt werden, dass die christliche Spiritualität zu einer ganzheitlichen Heilung, Gemeinschaft und Fülle des Lebens in Beziehung zu Gott, zu anderen Menschen und zur ganzen Schöpfung führt.

35. Religion als Leben in Christus und Bewusstsein einer wiederentdeckten, vollen und authentischen menschlichen Identität kann deshalb nicht einfach nur eine Privatangelegenheit sein. Stattdessen prägt sie unsere ganze Perspektive und Vision sowie die Beziehung zu Anderen. Christen können kein gespaltenes Leben führen: das religiöse Leben und das säkulare Leben sind eine einzige Realität. Das Leben selbst sollte eine fortwährende Liturgie lie-

bender Beziehungen zu Gott, der Quelle des Lebens, und zu anderen Menschen und der ganzen Schöpfung sein. So können alle Realitäten, vor denen Menschen in ihrem täglichen Leben stehen, Themen theologischer Reflexion sein. Der Glaube rührt an alle Bereiche des Lebens – soziale und wirtschaftliche Gerechtigkeit, Politik, Ethik, Biogenetik und Umwelt – und macht angemessene und prophetische Antworten und Ausrichtungen aus dieser spezifischen Sicht möglich.

36. Die Kirche ist darüber hinaus aufgerufen, aus ihrer im Laufe der Jahrhunderte gewonnenen Erfahrung heraus konkrete alternative Paradigmen zur Konsumideologie der Globalisierung anzubieten. Der Versuchung der Herrschaft muss sie Grenzen setzen und ihre Macht dazu nutzen, um zu sagen: «nicht weiter»; der Versuchung des Besitzes und des Eigentums muss sie die Askese der frühen Christen entgegensetzen, die ihre Nahrung und ihre Habe mit den Bedürftigen und Entrechteten teilten; der Versuchung der Macht die prophetische Stimme; der Versuchung der Verkündigung einer zurechtgestutzten und partiellen Botschaft, die auf die Präferenzen und Erwartungen der Menschen unserer Zeit zugeschnitten ist, die präzise und ganze Botschaft des Evangeliums, die verlangt, dass «die ganze Gemeinde der ganzen Welt das ganze Evangelium bringt».[7]

2. Berufen zum Leben in Gemeinschaft

37. Zu den grossen Herausforderungen, vor denen die christliche Mission in unserer Zeit steht, vor allem im Norden, gehört auch der Individualismus, der alle Bereiche des Lebens durchdringt und beeinflusst. Das Individuum scheint als einzige Norm der Realität und Existenz zu gelten. Gesellschaft und Gemeinschaft verlieren ihren traditionellen historischen Sinn und Wert. Diese Tendenz in den menschlichen Beziehungen wirkt sich auf das traditionelle Verständnis der Beziehung zwischen Christen und der Kirche im Heilsprozess aus. Viele verstehen Heil als eine Sache zwischen einem einzelnen Menschen und Gott und sehen nicht die Rolle der Gemeinschaft des Glaubens, der Kirche. Sie mögen ihren Glauben an Gott bezeugen, aber sie stellen die Bedeutung der Kirche als Instrument für die Beziehung zu Gott, zu anderen Menschen und zur ganzen Schöpfung sowie das Konzept des Heils in und durch Gemeinschaft ernsthaft in Frage oder leugnen sie sogar.

38. Angesichts einer solchen Tendenz, die sich auf das Gefüge der menschlichen Gesellschaft im allgemeinen und der christlichen Gemeinschaft im besonderen auswirkt, ist die Kirche aufgerufen, Gottes Willen und Plan für die Welt zu verkünden. Zum Bilde des dreieinigen Gottes geschaffen – der per definitionem eine ewige Gemeinschaft des Lebens und der Liebe ist –, sind Menschen ihrer Natur nach Geschöpfe, die Beziehungen zu anderen unterhalten wollen. Die Beziehungsdimension des menschlichen Lebens ist eine uns gegebene ontologische Realität. Jegliche authentische Anthropologie muss deshalb auf Beziehungen und auf Gemeinschaft ausgerichtet sein.

39. Die Dreieinigkeit, die Quelle und Bild unserer Existenz ist, zeigt die Bedeutung der Verschiedenheit, des Andersseins und der intrinsischen Beziehungen bei der Schaffung einer Gemeinschaft. Die Mitglieder einer Gemeinschaft sind verschieden, ausgestattet mit verschiedenen Gaben, Aufgaben, Stärken und Schwächen (wenn die Glieder alle gleich wären, würde es keinen Leib geben (1. Kor 12)). Die Gemeinschaft erfordert deshalb Verschiedenheit und Anderssein. Diese sollten jedoch weder gegeneinander noch parallel zueinander, sondern ergänzend zueinander sein.

40. Die Konferenz von Salvador hob die Bedeutung hervor, die das Evangelium den verschiedenen Identitäten beimisst, die die Gemeinschaft bilden. Solche Identitäten, seien sie national, kulturell, historisch oder religiös, werden vom Evangelium bestätigt, solange sie auf Beziehungen und Gemeinschaft ausgerichtet sind. Identitäten, die ihre eigenen Interessen auf Kosten anderer voranzubringen versuchen – wie zum Beispiel durch Fremdenfeindlichkeit, ethnische Säuberungen, Rassismus, religiöse Intoleranz und Fanatismus – und so die koinonia stören und zerstören, werden vom gleichen Evangelium verleugnet und zurückgewiesen.

41. Eine authentische christliche Gemeinschaft sollte sowohl lokal als auch katholisch sein (von *kata holon*, was «dem Ganzen entsprechend» bedeutet). Katholizität, die ein Zeichen der Authentizität jeder christlichen Gemeinschaft ist, beruht in Wirklichkeit auf der Verschiedenheit der lokalen Identitäten in ergänzender Gemeinschaft zueinander.

42. Solche theologischen Aussagen haben bedeutende Implikationen für die Missionspraxis der Kirche. Die Konferenz

von Salvador zum Beispiel befasste sich mit der Frage der indigenen Spiritualität im Rahmen der Beziehung zwischen dem Evangelium und den Kulturen. Wenn die Kirche eine koinonia der konvergierenden und ergänzenden Verschiedenheiten ist, dann müssen Wege gefunden werden, wie die Ausdrucksformen der christlichen Theologie, Liturgie und Spiritualität in anderen Formen als den traditionellen und historischen in das vielfältige Spektrum integriert und aufgenommen werden können.

43. Aus der gleichen Perspektive ergibt sich die Frage der inklusiven Gemeinschaft von Frauen und Männern als gleichberechtigte und einander ergänzende Partner im Leben der Kirche. Die Anerkennung der Rolle der Frauen in der Mission der Kirche, die der menschlichen und der kirchlichen Gemeinschaft Fülle und Integrität bringt, ist eine sine qua non. Zu diesem Zweck sollte auf die vielfältigen Beispiele von predigenden, Zeugnis ablegenden und den Märtyrertod erleidenden Frauen in der Kirchengeschichte sowie auf die weiblichen Heiligen aufmerksam gemacht werden, die aufgrund ihrer Treue bei der Verkündigung des Evangeliums als «den Aposteln gleich» verehrt werden.

44. Wenn wir von der Erkenntnis ausgehen, dass Mission mit Zuhören und Lernen statt mit Predigen, Lehren und Verkündigen beginnen sollte, könnte ein neuer Ansatz zum Wachstum der «impliziten Religion» in vielen Gesellschaften erforderlich sein. Viele Menschen bekunden nachdrücklich ihren Glauben an Gott, haben jedoch wenige oder keine Beziehungen zur Kirche. Manche praktizieren zu Hause ihre eigene Form der «Liturgie» und Andacht. Solche Praktiken sind von der Kirche häufig als reine Traditionen, Folklore oder gar Aberglauben betrachtet worden. Vielleicht könnten sie als ernsthafte Suche nach dem lebendigen Gott, nach der Fülle des Lebens und nach Sinngebung gesehen werden – wie anders sie auch sein mögen als der Gottesdienst einer Ortsgemeinde – und eine Grundlage werden, auf der die Botschaft des Evangeliums aufgebaut und mit Liebe Zeugnis abgelegt werden kann.

3. Berufen, das Evangelium in jeder Kultur zu verkörpern

45. «Kultur formt die Stimme des Menschen, die auf die Stimme Christi antwortet», hiess es auf der Weltmissionskonferenz in

Bangkok 1973. Jüngste Entwicklungen haben erneut die untrennbare Beziehung zwischen dem Evangelium und menschlichen Kulturen auf die Tagesordnung der Mission gesetzt. Auf der Vollversammlung von Canberra (1991) und in anderen Kreisen hat es hitzige Debatten über Inkulturationstheologien und Versuche gegeben, das Evangelium in Formen zu artikulieren, die sich von den Traditionen einiger historischer Kirchen sehr stark unterscheiden. Erfahrungen, die während der Ökumenischen Dekade der Kirchen in Solidarität mit den Frauen gemacht wurden, haben gezeigt, wie Kulturen manchmal zu Machtzwecken missbraucht und unterdrückerisch wurden. In den 1990er Jahren hat die Welt erlebt, wie sich lokale Identitäten zunehmend behaupteten und dies häufig zu gewaltsamen Konflikten und Verfolgungen aus ethnischen und kulturellen Gründen geführt hat – manchmal mit direkter oder indirekter Unterstützung von Christen oder Kirchen. Ein solcher Kontext macht es dringend, dass die Herausforderung der Inkulturation erneut in die Reflexion über Mission eingebracht wird.

46. Die Konferenz von Salvador bekräftigte nachdrücklich, dass «Menschheit ohne Teilhabe an der Kultur nicht denkbar [ist], denn durch Kultur wird Identität geschaffen».[8] Kultur wird ausgelegt sowohl als eine Frucht der Gnade Gottes als auch als ein Ausdruck menschlicher Kreativität. In jedem Kontext muss unterstrichen werden, dass Kultur ihrem Wesen nach weder gut noch böse ist, sie hat die Fähigkeit zu beidem und ist deshalb ambivalent.

47. In den neuen ökumenischen Diskussionen wird Kultur in sehr umfassendem Sinne unter Einschluss aller Aspekte des menschlichen Tuns verstanden. «Jede Gemeinschaft hat eine Kultur, die als die Gesamtheit dessen zu verstehen ist, was ihr Leben ausmacht, was wesentlich ist für die Beziehungen ihrer Glieder untereinander, für ihr Verhältnis zu Gott und zur natürlichen Umwelt.»[9] Das bedeutet, dass Religion Teil der Kultur ist, häufig sogar in ihrem Mittelpunkt steht. Man kann nicht von Kulturen sprechen, ohne die religiösen Überzeugungen und Wertesysteme der Menschen darin einzuschliessen.

48. Gottes Mission wurde als inkarnatorisch offenbart. Mission in der Nachfolge Jesu Christi muss deshalb in einem bestimmten Kontext verwurzelt sein und konkret an die Herausforderungen in

diesem besonderen Kontext herangehen. Daher ist das Evangelium «übertragbar» und muss dies auch sein. In jeder Situation muss das Zeugnis der Kirchen für Christus in der Ortskultur verwurzelt sein, sodass sich authentische inkulturierte Glaubensgemeinschaften entwickeln können. Alle Kulturen können die Liebe Gottes zum Ausdruck bringen, und keine Kultur hat das Recht, sich als ausschlieSSliche Norm für Gottes Beziehung zu den Menschen zu betrachten.

49. Wenn es eine authentische Wechselbeziehung zwischen dem Evangelium und einer Kultur gibt, wird sie in dieser Kultur verwurzelt und eröffnet den biblischen und theologischen Sinngehalt für ihre Zeit und ihren Ort. Das Evangelium wird einige Aspekte dieser Kultur bekräftigen und andere in Frage stellen, kritisieren und umgestalten. Durch diese Prozesse können Kulturen verwandelt und zu Trägern des Evangeliums werden. Gleichzeitig nähren, erleuchten und bereichern Kulturen das Verständnis und die Ausdrucksformen des Evangeliums und fordern diese heraus.

50. Das Evangelium stellt Aspekte der Kulturen in Frage, die Ungerechtigkeit schaffen oder verewigen, Menschenrechte unterdrücken oder eine nachhaltige Beziehung zur Schöpfung behindern. Heute besteht die Notwendigkeit, über bestimmte Inkulturationstheologien hinauszugehen. Kulturelle und ethnische Identität ist eine Gabe Gottes, darf jedoch nicht dazu benutzt werden, andere Identitäten abzulehnen und zu unterdrücken. Identität sollte nicht im Gegensatz zu, in Konkurrenz zu oder aus Angst vor anderen definiert werden, sondern als ergänzend. «Das Evangelium versöhnt und eint Menschen aller Identitäten zu einer neuen Gemeinschaft, in der die primäre und letztgültige Identität die Identität in Christus Jesus ist (Gal 3,28).»[10]

51. Die Debatte über die Wechselbeziehungen zwischen dem Evangelium und Kulturen hat besondere Bedeutung für die Urvölker, die stark unter missionarischem Handeln und kolonialer Eroberung gelitten haben, in deren Verlauf ihre Kulturen und Religionen meistens als «heidnisch» bezeichnet wurden, die des Evangeliums und der «Zivilisation» bedurften. Später hat sich der Sprachgebrauch geändert, doch Urvölker galten immer noch überwiegend als «Objekte» des kirchlichen Zeugnisses, als «arm» und der Wirtschafts- oder Entwicklungshilfe bedürftig. In neueren

Theologien, die «Gottes Vorliebe für die Armen» hervorhoben, wurden marginalisierte Menschen tatsächlich als Träger – das heisst Subjekte – einer neuen Missionsbewegung von der sogenannten Peripherie zum Zentrum betrachtet. Doch diese Theologien funktionierten immer noch auf der Grundlage von sozioökonomischen Kategorien, wobei das religiöse Erbe der Menschen vernachlässigt wurde. Heute fordern Urvölker die Kirchen auf, den Reichtum ihrer Kultur und Spiritualität anzuerkennen, in denen die Wechselbeziehung und Gegenseitigkeit mit der ganzen Schöpfung betont werden. Sie ersuchen die Kirchen, in echter Partnerschaft mit ihnen zu handeln und Mission gemeinsam mit ihnen als Gleiche und im gegenseitigen Teilen zu betreiben.

52. In jeder Kultur muss die Botschaft Christi in einer Sprache und in Symbolen verkündigt werden, die dieser Kultur angepasst sind, und auf eine Weise, die für die Lebenserfahrungen der Menschen relevant ist. Es gibt verschiedene Ansätze zu einer kulturell aufgeschlossenen Evangelisation. Für manche Menschen und Kirchen ist ein solches Zeugnis implizit, wenn Kirchen regelmässig die Liturgie feiern und darin, wo angemessen, örtliche kulturelle Symbole aufnehmen. Andere nennen «als Lösung für das Problem, wie man auf unaufdringliche Weise Kontakt zu Gemeinschaften aus anderen Kulturen herstellen kann, die 'Präsenz'. Dabei wird zunächst ein Versuch unternommen, die Menschen in der neuen Gemeinschaft kennenzulernen und zu verstehen, ihnen wirklich zuzuhören und von ihnen zu lernen... Zum rechten Zeitpunkt könnten die Menschen eingeladen werden, an der Geschichte des Evangeliums teilzuhaben».[11] In manchen Fällen könnte das Evangelium am besten durch stille Solidarität vermittelt oder durch eine zutiefst spirituelle Lebensweise offenbart werden. In Kontexten, die der Verkündigung des Evangeliums feindlich gegenüberstehen, könnte die Ablegung des Zeugnisses dadurch erfolgen, dass «ein 'sicherer Ort' bereitgestellt wird, wo Spiritualität Wurzeln schlagen und so die Jesus-Geschichte offenbart werden kann».[12] Andere vertreten die feste Überzeugung, dass in den meisten Kontexten ein ausdrückliches Zeugnis erforderlich ist – dass die Wortverkündigung, die sich aus den vielfältigen Impulsen und dem dynamischen Wirken des Heiligen Geistes ergibt, durch nichts ersetzt werden kann.

53. Einem ganzheitlichen und ausgewogenen Ansatz zur Missionspraxis sollte stets Beachtung geschenkt werden; die Versuchung, einen Aspekt hervorzuheben und andere zu ignorieren, sollte vermieden werden. Authentische Evangelisation muss stets sowohl Zeugnis als auch bedingungslosen liebenden Dienst umfassen. Wie es in San Antonio formuliert wurde: «Das 'materielle Evangelium' und das 'geistliche Evangelium' müssen ein Evangelium sein, wie es bei Jesus war... Es gibt keine Verkündigung des Evangeliums ohne Solidarität. Und es gibt keine christliche Solidarität, die nicht die Weitergabe der Kunde von dem Reich einschliesst».

54. Dynamische Wechselwirkungen zwischen dem Evangelium und den Kulturen werfen zwangsläufig die Frage des Synkretismus auf, denn jede Inkulturation des Evangeliums rührt an Überzeugungen, Riten und Strukturen von Religionsgemeinschaften. Bei Kirchen wird der Begriff «Synkretismus» unterschiedlich verstanden. Für einige wird die Integrität der Evangeliumsbotschaft verringert, wenn sie mit einigen Aspekten des Kontextes verschmolzen wird, in dem sie inkulturiert wird; sie verstehen Synkretismus als Verrat am Evangelium. Für andere kann es keinen kreativen Aufbau von Gemeinschaften und Theologien in einer Kultur ohne Synkretismus geben. Die Frage lautet dann, ob eine bestimmte Inkulturation das treue Zeugnis zum Evangelium in seiner Fülle fördert oder behindert.

55. Unterschiede bei der Auslegung haben mit dem Verständnis des Begriffs «Evangelium» und dem Wirken des Heiligen Geistes in verschiedenen Kulturen zu tun. Diese Fragen müssen sorgfältig behandelt werden, denn Vorwürfe des Synkretismus bringen häufig Machtungleichgewichte zwischen Kirchen zum Ausdruck und verstärken diese. Auf der Konferenz in Salvador wurde auf die Notwendigkeit eines Rahmens für interkulturelle Hermeneutik (Theorie der Auslegung des Evangeliums) hingewiesen. Ferner machte sie auf die Notwendigkeit von Kriterien aufmerksam, im Dialog mit anderen Kirchen die Angemessenheit bestimmter kontextueller Ausdrucksformen des Evangeliums zu beurteilen. Zu diesen Kriterien gehören: «Treue gegenüber Gottes Selbstoffenbarung in der Gesamtheit der Schrift, Verpflichtung auf einen Lebensstil und ein Handeln, das mit der Herrschaft Gottes harmonisiert,

Offenheit für die Weisheit der Gemeinschaft der Heiligen über Raum und Zeit hinweg, Relevanz für den Kontext.»[14]

4. Berufen zu Zeugnis und Dialog

56. Das Phänomen des religiösen Pluralismus ist eine der grössten allgemeinen Herausforderungen für die christliche Mission im kommenden Jahrhundert geworden. Zeugnis in multireligiösen Gesellschaften galt traditionell als Anliegen vor allem von Kirchen und Missionaren in Afrika, Asien, im Nahen Osten und in anderen Teilen der Welt. In den letzten Jahren ist der religiöse Pluralismus aufgrund stärkerer Migration jedoch zu einer globalen Realität geworden. An manchen Orten sind Christen frei und leben und kooperieren mit anderen in einem Geist gegenseitiger Achtung und gegenseitigen Verständnisses. An anderen Orten jedoch gibt es wachsende religiöse Intoleranz.

57. In Europa und Nordamerika (traditionell christlichen Gebieten) stellt die wachsende Präsenz von Menschen anderer Religionszugehörigkeit in Ortsgemeinden ernsthafte Herausforderungen an die Missionsarbeit der Kirchen. Christen in historisch multireligiösen Gesellschaften haben im Verlaufe der Jahrhunderte Erfahrungen damit gesammelt, in solchen Kontexten zu leben und Zeugnis abzulegen. Doch auch für sie ergeben sich neue Herausforderungen. Wie kann die christliche Verpflichtung zu Mission und Evangelisation mit Treue zum Evangelium und Liebe und Achtung der anderen bekräftigt werden?

58. Solche Herausforderungen werfen unvermeidlich theologische Fragen über das Wesen des Zeugnisses unter Menschen anderer religiöser Überzeugungen in bezug auf das Wesen des Heils selbst auf. Es gibt in der umfassenderen ökumenischen Bewegung wenig Konsens darüber. Auf den Missionskonferenzen von San Antonio und Salvador wurde die Situation durch die folgenden Aussagen zusammengefasst. «Wir kennen keinen anderen Weg zum Heil als Jesus Christus; zugleich aber können wir dem Heilswirken Gottes keine Grenzen setzen.»[15] Es besteht ein Spannungsverhältnis zwischen diesen beiden Aussagen, das noch nicht gelöst ist.

59. Bei den in der Mission engagierten Menschen wächst die (allerdings auch angefochtene) Erkenntnis, dass Gott ausserhalb

der Kirchen wirkt – obwohl sich nicht genau definieren lässt, *wie* Gott in einer Religionsgemeinschaft wirkt. Doch Menschen in der Mission stellen «Einblicke» in Gottes Gegenwart und Wirken unter Menschen anderer religiöser Traditionen fest. Die heutige Erfahrung trifft auf die alte Tradition: frühe christliche Theologen wie Justin der Märtyrer sprachen vom «Samen des Wortes» unter den Kulturen der Welt; andere wie Eusebius von Cäsarea benutzten den Begriff «evangelikale Vorbereitung», auf die auch in der Enzyklika von Paul VI über Evangelisation und in den Texten von Salvador hingewiesen wurde.

60. Eine offene Frage, die weitere Reflexion und weiteres Miteinanderteilen der in der Mission engagierten Christen erfordert, hat somit damit zu tun, wie die Zeichen der Gegenwart des Geistes unter Menschen anderer Religionszugehörigkeit oder ohne Religion festgestellt werden können. Die Konferenz von Salvador gab Hinweise auf solche Zeichen, als sie auf Ausdrucksformen der Liebe, Werte wie Demut, Offenheit gegenüber Gott und anderen sowie Verpflichtungen für Gerechtigkeit, Solidarität und gewaltfreie Mittel zur Lösung von Konflikten hinwies. Galater 5, 22-23, wo von der Frucht des Geistes gesprochen wird, wurde als nützliche Hilfe für diese Feststellung betrachtet.

61. In der Mission ist Raum für die Verkündigung der Frohen Botschaft Jesu Christi und für den Dialog mit Menschen anderer Religionszugehörigkeit. Je nach der Situation und den Charismen der Christen in dieser Situation kann der Schwerpunkt unterschiedlich sein. Viele würden jedoch behaupten, dass der einzige richtige Weg des Lebens in Gemeinschaft im Dialog besteht. In Bekräftigung des Verkündigungsauftrags von Christen verwies die Konferenz von San Antonio darauf, dass «unser Dienst des Zeugnisses unter Menschen anderer Religionszugehörigkeit bedingt, dass wir mit ihnen zusammen leben, ein Gefühl für ihre Glaubensverpflichtungen und -erfahrungen haben und bereit sind, ihnen um Christi willen und aus Liebe zu ihnen zu dienen, als Zeichen dafür, was Gott unter ihnen getan hat und weiterhin tut... Wir sind dazu aufgerufen, Zeugen für andere Menschen zu sein und nicht ihre Richter».[16] Wenn Mission bedeutet, in der Nachfolge Christi zu handeln, dann kann es keine Evangelisation ohne Offenheit gegenüber anderen und ohne Bereitschaft geben, seine Gegenwart auch dort festzustellen, wo sie nicht erwartet wird.

62. Auf der anderen Seite gibt es keinen echten Dialog, wenn die religiöse Identität und Glaubensüberzeugungen der Partner nicht deutlich gemacht werden. In diesem Sinne lässt sich bekräftigen, dass Zeugnis vor dem Dialog kommt. Von der Evangelisation zu sprechen bedeutet, die Verkündigung von Gottes Angebot von Freiheit und Versöhnung zusammen mit der Einladung hervorzuheben, sich denen anzuschliessen, die Christus nachfolgen, und für die Herrschaft Gottes zu arbeiten. Dialog ist eine Form des Zeugnisses für Jesu Gebot der Nächstenliebe – auch der Feindesliebe – und kann in bestimmten Kontexten der einzige Weg sein, um einem demütigen kenotischen Missionsstil treu zu sein und Christi verwundbarem Leben im Dienst und nicht in der Herrschaft zu folgen.

5. Berufen, die Wahrheit des Evangeliums zu verkündigen

63. Eine der grössten Herausforderungen unserer Zeit – die den eigentlichen Kern der christlichen Botschaft berührt – ist das wachsende Phänomen des Relativismus, wie er insbesondere bei westlichen Philosophen und Wissenschaftlern entwickelt wurde. Im postmodernen Denken wird die Vorstellung von absoluter und universaler Wahrheit, sei es im politischen, sozialen, wirtschaftlichen oder auch religiösen Bereich, stark in Frage gestellt oder abgelehnt. Wahrheit wird eher als Sache der Erkenntnis des Einzelnen durch eine persönliche Wahl, Erfahrung und Entscheidung gesehen. Statt dass es eine objektive, universale und absolute «Wahrheit» gibt, gibt es «Wahrheiten», die parallel zueinander stehen und miteinander zusammenleben.

64. Ein solches Verständnis von Wahrheit und ein solcher Ansatz zur Wahrheit beeinflusst nicht nur viele Aspekte unseres täglichen Lebens, insbesondere in den Industrieländern, sondern hat auch erhebliche Auswirkungen auf das Zeugnis der Kirche und ihre Teilnahme an der ökumenischen Bewegung allgemein.

65. Dieser Ansatz stellt traditionelle Formen der christlichen Mission in Frage. Menschen, die eine solche Weltsicht verteidigen, treten für ein neues Verständnis, einen neuen Stil und eine neue Praxis der Mission ein, die den heutigen Gegebenheiten angemessener sind. Sie verlangen, die «arrogante» Einstellung, die Vermittlung des Christentums sei die einzige zum Heil führende

Wahrheit, aufzugeben, und fordern, dass dieses demütiger und zurückhaltender als eine von vielen Wahrheiten dargestellt wird, die in verschiedenen Religionen oder in der Schöpfung allgemein zu finden sind. Sie meinen, dass diese anderen Wahrheiten in der Theorie einen ähnlichen Wert und ein ähnliches Endziel haben, wobei nur die persönliche Wahl einen qualitativen Unterschied zwischen ihnen ausmacht.

66. Im ökumenischen Bereich werden Begriffe wie «Einheit», «Konsens» und «apostolische Wahrheit» in Frage gestellt, und für manche haben sie eine pejorative Bedeutung angenommen. Eine neuere ökumenische Vision schliesst die Suche nach einem neuen Paradigma und Bild ein, das eine Vielfalt von Wahrheiten unter dem gleichen Dach aufnehmen könnte, ohne bei dem Prozess, sie zu einer Konvergenz zu bringen, irgendwelche zu verwässern oder zu beseitigen, wobei das Ziel darin besteht, eine gemeinsame und verbindliche apostolische Wahrheit zu finden.

67. Neuausrichtungen und Teilantworten zu den vom Relativismus aufgeworfenen Herausforderungen sind ansatzweise aufgezeigt worden, doch es sind schärfere und kohärentere Antworten erforderlich. Welche Beziehung besteht zwischen der Wahrheit des Evangeliums, welche die Christen in Bezug auf die Einzigartigkeit Jesu Christi zu verkündigen aufgerufen sind, der «der Weg, die Wahrheit und das Leben» (Joh 14,6) ist, und der Wahrheit des «Evangeliums vor dem Evangelium», und was hat das für Folgen für die Einheit der Kirche?

6. Berufen zum Zeugnis in Einheit

68. In den letzten Jahrzehnten sind sich die Kirchen der Notwendigkeit einer gemeinsam, in Zusammenarbeit und gegenseitiger Rechenschaftspflicht betriebenen Mission immer stärker bewusst geworden; daher wurden Missionspartnerschaften geschaffen, einige internationale Missionsstrukturen umgestaltet und gemeinsame Projekte unternommen. In der gleichen Zeit hat es jedoch auch eine Eskalation der konfessionellen Rivalitäten und Konkurrenz in der Mission in vielen Teilen der Welt gegeben. Diese Gegebenheiten zwingen die ökumenische Familie dazu, Fragen der Mission in der Einheit, der Zusammenarbeit zwischen den Kirchen, des gemeinsamen Zeugnisses und des Proselytismus neu zu prüfen und auf verantwortlichere Beziehungen in der Mission hinzuarbeiten.

69. Gemeinsames Zeugnis ist «das Zeugnis, das die Kirchen, auch wenn sie getrennt sind, zusammen und insbesondere durch gemeinsame Bemühungen ablegen, indem sie die göttlichen Gaben der Wahrheit und des Lebens sichtbar machen, die sie bereits miteinander teilen und gemeinsam erfahren».[17] Authentisches gemeinsames Zeugnis setzt Achtung und Verständnis für andere Traditionen und Konfessionen voraus. Im Mittelpunkt sollte stehen, was die Kirchen gemeinsam haben und tun können, und nicht, was sie voneinander trennt... Zwischen den Kirchen gibt es mehr Verbindendes als Trennendes. Nach diesen verbindenden Elementen sollte man suchen, wenn man das Zeugnis in Einheit aufbaut.

70. Mission und Religionsfreiheit, darunter die Freiheit, seine Religion oder seinen Glauben zu wechseln, sind miteinander verbunden. Mission kann niemandem durch irgendwelche Mittel auferlegt werden. Andererseits muss die eigene Freiheit immer auch die Freiheit der anderen respektieren, bejahen und fördern; sie darf nicht gegen die 'Goldene Regel' verstossen: «Alles, was ihr wollt, dass euch die Leute tun sollen, das tut ihnen auch» (Mt 7,12).

71. Proselytismus, in der frühchristlichen Zeit ein positiver Begriff, der einen Menschen eines anderen Glaubens bezeichnete, der zum Christentum konvertierte, hat aufgrund von Veränderungen von Inhalt, Motivierung, Geist und Methoden der «Evangelisation» in späteren Jahrhunderten eine negative Konnotation bekommen. Heute wird der Begriff in der Regel definiert als «die Aufforderung an Christen, die einer Kirche angehören, ihre konfessionelle Zugehörigkeit zu wechseln, wobei Mittel und Wege angewendet werden, die dem Geist der christlichen Liebe widersprechen, die Freiheit des menschlichen Individuums verletzen und das Vertrauen in das christliche Zeugnis der Kirche schmälern».[18] Proselytismus ist «die Korruption des Zeugnisses».[19]

72. Gemeinsames Zeugnis ist konstruktiv; es bereichert, hinterfragt, stärkt und erbaut solide christliche Beziehungen und Gemeinschaft. Proselytismus ist eine Perversion des authentischen christlichen Zeugnisses und somit ein Gegenzeugnis. Proselytismus baut nicht auf, sondern zerstört. Proselytismus führt zu Spannungen, Verleumdungen und Spaltung und ist dadurch ein destabilisierender Faktor für das Zeugnis der Kirche Christi in der

Welt. Proselytismus bedeutet immer eine Verletzung der Koinonia; er schafft keine Gemeinschaft, sondern feindliche Parteien.

73. Wenn neue Kontexte neue Initiativen der Verkündigung des Evangeliums erfordern, wenn sie gemeinsamen Herausforderungen gegenüberstehen, sind die Kirchen aufgerufen, Wege zur Zeugnisablegung in Einheit, Partnerschaft und Zusammenarbeit und verantwortlicher Beziehung in der Mission festzustellen. Um ein solches gegenseitig bereicherndes Missionsethos zu erreichen, müssen die Kirchen:

a) ihre Fehler der Vergangenheit bereuen und selbstkritischer über die Art und Weise ihres Umgangs miteinander und über ihre Methoden der Evangelisation nachdenken;

b) allen Formen eines Wettbewerbs und Konkurrenzkampfs zwischen den Konfessionen eine Absage erteilen und der Versuchung widerstehen, Proselytenmacherei unter Mitgliedern anderer christlicher Traditionen zu betreiben;

c) den Aufbau paralleler kirchlicher Strukturen vermeiden und statt dessen die jeweiligen Ortskirchen in ihrer evangelistischen Arbeit in der Gesellschaft anregen und unterstützen und mit ihnen zusammenarbeiten;

d) jegliches Manipulieren der humanitären Hilfe für einzelne Christen oder Kirchen verurteilen, mit dem Menschen dazu bewogen werden sollen, ihre Konfessionszugehörigkeit zu wechseln, oder mit dem die missionarischen Ziele einer Kirche auf Kosten einer anderen begünstigt werden sollen;

e) Menschen, die ihre kirchliche Zugehörigkeit wechseln wollen, dabei helfen, zu erkennen, ob sie sich von würdigen oder unwürdigen Motiven (beispielsweise gesellschaftlichen Aufstiegsmöglichkeiten oder besseren Lebenschancen) leiten lassen;

f) lernen, «wahrhaftig zu sein in der Liebe» zueinander (Eph 4,15), wenn sie andere der Proselytenmacherei oder unehrlicher Praktiken bei der Evangelisation beschuldigen.

74. Diese christliche Gemeinschaft und Partnerschaft wird nur unter der Voraussetzung möglich sein, dass Christen und Kirchen:

a) einander in einem wirklichen Dialog zuhören, der das Ziel hat, Ignoranz, Vorurteile oder Missverständnisse zu über-

winden, ihre Unterschiede unter dem Blickwinkel der christlichen Einheit zu verstehen und ungerechte Anschuldigungen, polemische, herabsetzende und abweisende Äusserungen zu unterlassen;
b) für mehr gegenseitige Information und Verantwortlichkeit in der Missionstätigkeit auf allen Ebenen sorgen – dazu gehört auch, dass man vorab die Kirche in dem jeweiligen Gebiet konsultiert, um festzustellen, welche Möglichkeiten einer missionarischen Zusammenarbeit und eines Zeugnisses in Einheit es gibt;
c) die Bereitschaft zeigen, von anderen zu lernen – beispielsweise von ihrer dynamischen Kraft, ihrer Begeisterungsfähigkeit und Freude an der Mission, ihrem Gemeinschaftssinn, ihrer Freude am Heiligen Geist, ihrer Spiritualität;
d) sich stärker um eine innere Erneuerung in ihren eigenen Traditionen und kulturellen Kontexten bemühen;
e) grössere Anstrengungen unternehmen, um ihre Gläubigen in Ortsgemeinden, Sonntagsschulen, Bildungseinrichtungen und Seminaren darin zu unterweisen, die Mitglieder anderer Kirchen als Schwestern und Brüder in Christus zu achten und zu lieben.

75. Ökumenische Überzeugungen über Mission in der Einheit können zur Ausarbeitung eines Bundes über Beziehungen in der Mission führen. Zu den Grundüberzeugungen und -verpflichtungen in der Mission, die darin aufgenommen werden könnten, zählen:

76. Überzeugungen
a) Mission beginnt im Herzen des dreieinigen Gottes. Die Liebe, die die Personen der heiligen Dreieinigkeit zusammenbindet, fliesst über in ein grosses Ausgiessen der Liebe für die Menschheit und die ganze Schöpfung.
b) Gott ruft die Kirche in Jesus Christus und befähigt sie durch den Heiligen Geist, Partner in Gottes Mission zu sein, für das Evangelium und die Liebe Gottes Zeugnis abzulegen, die in Leben, Tod und Auferstehung Jesu Christi deutlich gemacht wurde, und Menschen dazu einzuladen, Jünger Christi zu werden.
c) Christliche Mission bedeutet eine ganzheitliche Antwort

durch Verkündigung und Diakonie, um Menschen mit ihren Erfahrungen von Ausgrenzung, Zerbrochenheit und Sinnentleerung zu erreichen. Sie bedeutet Befähigung, Bekräftigung und Erneuerung der Menschen in ihrer Hoffnung auf Fülle des Lebens.
d) Alle getauften Christen sind aufgerufen, Zeugnis für das Evangelium Christi abzulegen und sind alle dem Leib Christi für ihr Zeugnis rechenschaftspflichtig; alle müssen ein Zuhause in einer lokalen Gottesdienstgemeinschaft finden, durch die sie Rechenschaft gegenüber dem Leib ablegen können.

77. Verpflichtungen[20]
a) Von der Liebe Christi angetrieben verpflichten wir uns, darauf hinzuarbeiten, dass alle unsere Nächsten an jedem Ort, nah und fern, die Gelegenheit haben, das Evangelium von Jesus Christus zu hören und darauf zu reagieren.
b) Wir erkennen an, dass die primäre Verantwortung für die Mission an jedem Ort bei der Kirche an diesem Ort liegt.
c) Wo Missionare oder Mittel von unserer Kirche an einen Ort gesandt werden, wo es bereits eine christliche Kirche gibt, geschieht das auf vereinbarte, gegenseitig annehmbare und respektvolle Weise bei gleichberechtigter Mitwirkung aller Parteien am Entscheidungsprozess.
d) Wir erkennen an, dass in unseren Partnerschaften alle Partner Gaben anzubieten haben und alle durch die Beziehung lernen, empfangen und bereichert werden müssen; deshalb muss die Beziehung allen das gegenseitige Miteinanderteilen von Nöten und Gaben ermöglichen.
e) Wir erkennen an, dass alle Ressourcen der Kirchen Gott gehören und dass der Wohlstand der Reichen häufig von der Ausbeutung anderer stammt.
f) Wir verpflichten uns, die Beziehung in Bezug auf Finanzen, Theologie, Personal, Kämpfe, Dilemmas, Ängste, Befürchtungen, Hoffnungen, Ideen, Geschichten auf allen Seiten so transparent wie möglich zu machen – eine offenes Miteinanderteilen, das Vertrauen aufbaut.
g) Wir erkennen an, dass fast jede kulturübergreifende Begegnung zwischen Kirchen von einer ungleichen Verteilung der Macht geprägt ist. Geld, materieller Besitz,

Verbindungen zu Staaten, Geschichte usw. wirken sich darauf aus, wie Kirchen zueinander in Beziehung stehen. Durch den Eintritt in Beziehungen in der Mission verpflichten wir uns, uns vor Missbrauch der Macht zu hüten und gerechte Beziehungen anzustreben.

h) Wir erkennen an, dass es wichtig ist, keine Abhängigkeit zu schaffen. Partnerschaften müssen zu Interdependenz führen. Wir werden uns durch unsere Partnerschaften um das Entstehen authentischer lokaler kultureller Antworten auf das Evangelium in Form von Liturgien, Liedern, Riten, Strukturen, Institutionen, theologischen Formulierungen usw. bemühen.

i) Wir glauben, dass Mission und Einheit untrennbar zusammengehören. Wir verpflichten uns deshalb, Zusammenarbeit und strukturelle Einheit zwischen unseren Missionsgesellschaften und unserer eigenen Kirche, zwischen Missionsgesellschaften sowie zwischen Missionsgesellschaften und unseren Partnerkirchen zu fördern. Wo in einem Gebiet bereits mehrere Kirchen bestehen, verpflichten wir uns, die Gründung eines Kirchenrates zu fördern.

j) Wir erkennen an, dass Mission und Evangelisation fast völlig denominational durchgeführt worden sind. Wir verpflichten uns, Mission sowohl lokal als auch im Ausland ökumenisch durchzuführen, wo immer das möglich ist.

k) Bei der Entwicklung internationaler Partnerschaften in der Mission verpflichten wir uns, dem Aufbau von Solidarität mit ausgegrenzten und leidenden Menschen und Gemeinschaften bei ihrem Ringen um Fülle des Lebens Vorrang zu gewähren.

ANMERKUNGEN

1. Vgl. *Im Zeichen des Heiligen Geistes. Bericht aus Canberra 91. Offizieller Bericht der Siebten Vollversammlung des Ökumenischen Rates der Kirchen*, Hrsg. Walter Müller-Römheld, Verlag Otto Lembeck, Frankfurt a. M., 1991, S. 103.
2. *Mission und Evangelisation: Eine ökumenische Erklärung*, Genf, ÖRK, 1982; siehe S. 8 dieser Publikation.
3. *Auf dem Weg zu einem gemeinsamen Zeugnis: Ein Aufruf zu verantwortlichen Beziehungen in der Mission und einer Absage an Proselytismus*, ÖRK, Genf, 1997; Siehe S. 51 dieser Publikation.
4. *Zu einer Hoffnung berufen: Das Evangelium in verschiedenen Kulturen, Berichtsband zur 11. Konferenz für Weltmission und Evangelisation in Salvador da Bahía 1996*, hrsg. von Klaus Schäfer i.A. des EMW, S. 164.
5. *Proclaiming Christ Today, Report of an Orthodox-Evangelical consultation, Alexandria, Ägypten, 1995*, Hrsg. Huibert van Beek und Georges Lemopoulos, Genf, ÖRK, 1995, S. 13.
6. Mehrere Kommissionsmitglieder erklärten ihr Unbehagen angesichts des übertriebenen Negativbildes, das in diesem Dokumentsabschnitt von der Globalisierung gezeichnet wird.
7. *Die Lausanner Verpflichtung*, 1974, Abschnitt 6.
8. *Zu einer Hoffnung berufen*, S. 125.
9. *Dein Wille geschehe: Mission in der Nachfolge Jesu Christi, Darstellung und Dokumentation der X. Weltmissionskonferenz in San Antonio 1989*, hrsg. von Joachim Wietzke, Verlag Otto Lembeck, Frankfurt a. M., 1989, S. 156.
10. *Zu einer Hoffnung berufen*, S. 145.
11. *Ibid.*, S. 134.
12. *Ibid.*, S. 134.
13. *Dein Wille geschehe*, S. 135.
14. *Zu einer Hoffnung berufen*, S. 171.
15. *Ibid.*, S. 164 (zitiert nach Dein Wille geschehe, S. 32).
16. *Dein Wille geschehe*, S. 142.
17. Thomas Stransky, «Common Witness». In: *Dictionary of the Ecumenical Movement*, Genf, ÖRK, 1991, S. 197, zitiert in: *Auf dem Weg zu einem gemeinsamen Zeugnis*, S.5.
18. Bericht der Orthodoxen Konsultation über Mission und Proselytismus, Sergiev Possad, Russland, 1993; zitiert in: *Auf dem Weg zu einem gemeinsamen Zeugnis*, S. 8.
19. Revidierter Bericht über «Christliches Zeugnis, Proselytismus und Glaubensfreiheit im Rahmen des Ökumenischen Rates der Kirchen». In:

98 Erklärungen zur christlichen Mission

> *Minutes of the Meeting of the Central Committee of the World Council of Churches, St. Andrews, Scotland, August 1960*, Genf, ÖRK, 1960, S. 214: zitiert in: *Auf dem Weg zu einem gemeinsamen Zeugnis*, S. 8. Auf Initiative des ÖRK sind u.a. folgende Erklärungen und Dokumente zum gemeinsamen Zeugnis ausgearbeitet worden: *Christliches Zeugnis, Proselytismus und Glaubensfreiheit im Rahmen des ÖRK* (Neu-Delhi, 1961), *Gemeinsames Zeugnis und Proselytismus* (1970), *Gemeinsames Zeugnis* (1982), *Die Herausforderungen des Proselytismus und die Berufung zu gemeinsamem Zeugnis* (1995) sowie *Auf dem Weg zu einem gemeinsamen Zeugnis: Ein Aufruf zu verantwortlichen Beziehungen in der Mission und einer Absage an Proselytismus.* (1997).

20   Mit «wir» sind Personen oder Gemeinschaften gemeint, die bereit sind, sich solche Verpflichtungen zu Eigen zu machen. Die CWME-Kommission empfiehlt das Dokument als Quellenmaterial für Studium und Reflexion.

MISSION ALS DIENST DER VERSÖHNUNG

Präsentation

Dieses Dokument befasst sich mit dem Thema «Mission als Dienst der Versöhnung» aus ökumenischer Sicht und wird von der Kommission für Weltmission und Evangelisation (CWME) des Ökumenischen Rates der Kirchen als Reflexions- und Studiendokument zur Vorbereitung der Weltmissionskonferenz vorgelegt, die im Mai 2005 in Athen stattfinden wird.[1] Eine erste Fassung des Dokuments wurde im Januar 2004 von einer Gruppe von zehn Missionstheologen/innen ausgearbeitet und dem CWME-Planungsausschuss für die Konferenz vorgelegt, der es als Studiendokument annahm.[2] Diese erste Fassung wurde der CWME-Kommission im Oktober 2004 zusammen mit wichtigen Änderungs- und Verbesserungsvorschlägen und Stellungnahmen individueller Missionstheologen/innen und theologischer Einrichtungen unterbreitet. Die Kommission beschloss, dass Papier entgegenzunehmen, und ersuchte ein kleines Redaktionsteam, das sich aus Kommissionsmitgliedern und Mitgliedern der ersten Redaktionsgruppe zusammensetzte, es unter Berücksichtigung der wichtigsten eingegangenen Kommentare sowie der Diskussionen der Kommissionstagung selbst zu überarbeiten und in bestimmten Punkten leicht zu erweitern. Die gegenwärtige überarbeitete Fassung wurde im Januar 2005 auf der Grundlage dieser Richtlinien ausgearbeitet.

Dies ist das erste gemeinschaftlich erarbeitete ÖRK-Dokument, das ziemlich ausführlich untersucht, welche Auswirkungen die Betonung des Dienstes der Versöhnung – einer Berufung der Kirche, die von Paulus in 2. Kor 5,18 beschrieben wird –, auf Inhalt und Arbeitsmethode der Mission wie auch auf ihren Wirkungsbereich und ihre Bedeutung hat. Dieses Papier kann als Ergebnis eines Reflexionsprozesses gelesen werden, der nach der Weltmissionskonferenz in San Antonio (1989) begann und durch Erkenntnisse ergänzt wurde, die die ÖRK-Vollversammlung in Canberra (1991) durch ihre pneumatologische Schwerpunktsetzung in der Missionstheologie ermöglichte.[3] Seither hat das Konzept der Versöhnung sowohl in der ökumenischen Sozial- und politischen Ethik als auch in der Missionstheologie an Bedeutung gewonnen.

100 Erklärungen zur christlichen Mission

Im Anschluss an die Vollversammlung 1998 in Harare und den Beschluss, die «Dekade zur Überwindung von Gewalt – Kirchen für Versöhnung und Frieden» ins Leben zu rufen, wurde der «Dienst der Versöhnung» zu einem der wichtigsten Schwerpunkte in der Programmarbeit des ÖRK. 2001 beschloss die Kommission für Weltmission und Evangelisation, dass Versöhnung und Heilung die zentralen Themen der Weltmissionskonferenz 2005 werden sollten.

Das Papier gründet sein Verständnis vom Dienst der Versöhnung auf klare biblisch-theologische Aussagen, gefolgt von Erfahrungen, die in verschiedenen Teilen der Welt gemacht wurden und die es zusammenfassend beschreibt. Das Dokument weist auf eine Reihe entscheidender Faktoren hin, die berücksichtigt werden müssen, wenn Versöhnung während und nach Konflikten eine echte Chance haben soll. Es zieht daraus Konsequenzen für das Verständnis von Mission: die Kirche muss als Mittlerin fungieren und Brücken schlagen – eine Rolle, die jedoch nicht auf Kosten des Zeugnisses von Gottes bevorzugter Option für die Opfer gehen darf. Das Papier unterstreicht, wie schwierig es für die Kirche ist, ein Gleichgewicht zu wahren zwischen den Anstrengungen, die Kommunikation zwischen den Konfliktparteien aufrechtzuerhalten (als Mittlerin, die «dazwischen steht»), und der klaren Manifestation ihrer Solidarität mit den Opfern. In den letzten Kapiteln wird beschrieben, dass die Versöhnung geistliche Dimensionen hat und eine Quelle der Inspiration für den seelsorgerlichen Dienst wie auch für die ökumenische Ausbildung darstellt.

Zusammen mit dem Dokument *Der Heilungsauftrag der Kirche*, das ebenfalls in dem vorliegenden Buch veröffentlicht wird, bietet dieses Papier eine Zusammenfassung des Diskussionsstands zur Mission als Dienst der Versöhnung und der Heilung im ÖRK. Sein Zweck ist es, einen Beitrag zur Untersuchung und Reflexion über Bedeutung und Stellenwert der Mission am Beginn des 21. Jahrhunderts zu leisten.

JM

ANMERKUNGEN

1 Es wurde zuerst als Vorbereitungspapier Nr. 10 auf der Webseite der Weltmissionskonferenz 2005 veröffentlicht.

2 Dieses Studiendokument ist auf derselben Webseite als Vorbereitungspapier Nr. 4 veröffentlicht worden. Der Planungsausschuss für die Konferenz war eine Untergruppe der Kommission, die sich aus einem Dutzend Kommissionsmitgliedern zusammensetzte.

3 Sowohl Christopher Duraisingh, der damalige CWME-Direktor, als auch Philip Potter, der damalige ÖRK-Generalsekretär, betonten in Papieren, die sie über die Ergebnisse der Konferenz in San Antonio und/oder zur Vorbereitung der Vollversammlung in Canberra schrieben, die Bedeutung der Versöhnung. Vgl. Jacques Matthey, «Editorial» und Klaus Schäfer, «Come, Holy Spirit, Heal and Reconcile», in *IRM*, Bd. 94, Nr. 372, Jan. 2005.

102 Erklärungen zur christlichen Mission

MISSION ALS DIENST DER VERSÖHNUNG

1. Mission und Versöhnung – Entstehung eines neuen Paradigmas

1. Mission ist zu verschiedenen Zeiten und an verschiedenen Orten und auch innerhalb der ökumenischen Bewegung immer wieder anders verstanden worden. Von Zeit zu Zeit wird der Versuch unternommen, das christliche Zeugnis ganzheitlicher auszulegen. 1982 gelang es dem Ökumenischen Rat der Kirchen (ÖRK), mit dem Dokument «Mission und Evangelisation – Eine ökumenische Erklärung»[1] ein solch ausgewogenes Missionsverständnis zu erreichen. Diese Erklärung nimmt die Herausforderung durch das Evangelium und die konkreten Anforderungen der Gegenwart an und verbindet die klare Verpflichtung zur Verkündigung des Evangeliums mit dem Engagement für die Befreiung der Armen. Sie ist auch heute noch der massgebliche Text des ÖRK zu Mission und Evangelisation. Seit Ende der 1980er Jahre sind neue Aspekte hinzugekommen und Mission wird zunehmend mit Versöhnung und Heilung in Verbindung gebracht. Darüber hinaus ist das Thema der Versöhnung in vielen verschiedenen Kontexten wichtig geworden und inspiriert Menschen innerhalb und ausserhalb der Kirchen. In dieser Situation haben wir von neuem erkannt, dass Versöhnung die innere Mitte des christlichen Glaubens darstellt. Diese Entwicklung hat sowohl im ökumenischen als auch im evangelikal geprägten Missionsdenken stattgefunden. Die versöhnende Liebe Gottes, die in Jesus Christus manifest geworden ist, ist ein wichtiges biblisches Thema und ein zentrales Element im Leben und Dienst der Kirche. Daher bekräftigen wir an dieser Stelle, dass der Heilige Geist uns zum Dienst der Versöhnung aufruft, der sowohl in der Spiritualität als auch in den Strategien unserer Mission und Evangelisation zum Ausdruck kommen muss.

2. Es gibt eine Reihe von Gründen dafür, dass das Thema der Versöhnung in der heutigen Welt so stark in den Vordergrund getreten ist. Dies hat zu tun mit den gegenwärtigen Tendenzen der Globalisierung, der Postmoderne und der Fragmentierung, wie sie in dem CWME-Studiendokument «Mission und Evangelisation in Einheit heute» (2000)[2] beschrieben werden.

Die Globalisierung hat die verschiedenen menschlichen Gemeinschaften in der Welt enger als je zuvor in Kontakt miteinander gebracht und deutlich gemacht, dass es nur eine Menschheit gibt. Gleichzeitig hat sie die Vielfalt der Interessen und der Weltanschauungen der verschiedenen Gruppen hervortreten lassen. Auf der einen Seite gibt es neue Möglichkeiten, Einheit zum Ausdruck zu bringen und die Grenzen zu überwinden, die uns trennen. Auf der anderen Seite ist es jedoch auch zu einem Zusammenprall der Kulturen, der Religionen, der wirtschaftlichen Interessen und der Geschlechter gekommen, der tiefe Verletzungen und Schuldvorwürfe nach sich gezogen hat. Die wachsende Feindschaft, die durch die Globalisierung und das Machtgefälle in der heutigen Welt entstanden ist, ist in den Terroranschlägen vom 11. September 2001 und dem nachfolgenden «Krieg gegen den Terror» in erschütternder Weise zum Ausdruck gekommen. Ebenfalls in diesem Kontext hat eine Reihe zivilgesellschaftlicher wie kirchlicher Initiativen dazu beigetragen, dass Gesellschaften im Anschluss an Konflikte durch Prozesse der Wahrheitsfindung und Versöhnung wieder aufgebaut werden konnten. Die Christen sind dazu aufgerufen, in Unruhe-, Gewalt- und Konfliktsituationen mit ihrem Zeugnis einen Beitrag zur Schaffung von Frieden in Gerechtigkeit zu leisten. Zur Stärkung des Engagements der Kirchen für Versöhnung und Frieden hat der Ökumenische Rat der Kirchen die Dekade zur Überwindung von Gewalt (2001-2010) ausgerufen.

3. Die allgegenwärtige Dominanz der globalen Marktkräfte hat die Art und Weise, wie Menschen leben und arbeiten, drastisch verändert, aber die wirtschaftliche Globalisierung stellt ein zutiefst ambivalentes Phänomen dar. Während freier Handel und Wettbewerb in einigen Ländern und besonders in Asien zu Wirtschaftswachstum und steigendem Wohlstand geführt haben, hat die Wirtschaftspolitik der reicheren Länder ungeheure und oft höchst schädliche Auswirkungen auf ärmere Länder gehabt. Die meisten profitieren nicht von der wirtschaftlichen Entwicklung, sondern sind deren Opfer. Ungerechte Handelsgesetze schützen die reicheren Länder und führen zur Ausgrenzung und Ausbeutung der ärmeren. Viele der ärmeren Länder werden erdrückt von einer Schuldenlast, deren Rückzahlung unerträgliche Auswirkungen hat.

Strukturanpassungsprogramme, die von internationalen Institutionen erzwungen werden, berücksichtigen kaum die Kompetenz der Menschen vor Ort, und es sind wiederum die Armen, die am meisten darunter zu leiden haben. In dieser Situation hat die Schuldenerlasskampagne einen signifikanten Beitrag zur Aufklärung über das Handelsungleichgewicht geleistet und die Beschlüsse der G8 spürbar beeinflusst. Dringend vonnöten ist wahre Versöhnung, die einschliesst, dass die Reichen Busse tun und den Armen Gerechtigkeit widerfährt.

4. Das globale Netzwerk der Kommunikation bringt einigen Menschen Vorteile und schliesst andere aus. Durch die wachsenden Möglichkeiten des Dialogs und der Zusammenarbeit trägt es in mancherlei Hinsicht zur Ausweitung der Gemeinschaft und zur Stärkung alternativer Bewegungen bei, die sich für den Wandel einsetzen. Allerdings wird die Massenkultur der Postmoderne, die auf diesem Wege verbreitet wird, häufig als Bedrohung der persönlichen und nationalen Identität empfunden und trägt zur wachsenden Fragmentierung von Gesellschaften bei. Infolge der Globalisierung haben viele Menschen ihre Familien- und Gemeinschaftswurzeln verloren, viele sind durch Migration heimatlos geworden und Ausgrenzung ist ein weit verbreitetes Phänomen. Viele sehnen sich nach menschlicher Nähe und spüren ein Bedürfnis nach Zugehörigkeit und Gemeinschaft. In dieser Situation sind wir dazu aufgerufen, versöhnende und heilende Gemeinschaften zu sein.

5. Wir vertrauen darauf, dass der Heilige Geist, der in der Bibel Gemeinschaft zum Ausdruck bringt (2. Kor 13,13), uns und die ganze Schöpfung in Ganzheit und Unversehrtheit zur Versöhnung mit Gott und miteinander führt. Angesichts der machtvollen und unvorhersehbaren Einflüsse der globalen Kräfte war es jedoch noch nie so schwierig wie heute, wo wir vor schwerwiegenden persönlichen und strategischen Entscheidungen in der Mission stehen, das Wirken des Heiligen Geistes in den komplexen Situationen der Welt zu erkennen. 1996, auf der letzten ÖRK-Konferenz für Mission und Evangelisation, wurden wir in Salvador da Bahía, Brasilien, daran erinnert, wie die Verursacher wirtschaftlicher Ungerechtigkeit der indigenen Bevölkerung ihre Rechte vorenthalten und die Naturschätze ausgeplündert haben, die der Schöpfer allen Menschen geschenkt hat. Wir haben dafür um Vergebung

gebeten und uns für Versöhnung eingesetzt. Wir haben in Salvador bekräftigt, dass «der Geist, der an Pfingsten auf uns ausgegossen wurde, alle Kulturen zu würdigen Trägern der Liebe Gottes macht» und in Menschen, die unterdrückten Gruppen angehören, «das Bild Gottes erwecken (kann)», und wir haben uns verpflichtet, uns «um alternative Modelle der Gemeinschaft, gerechtere Wirtschaftssysteme, faire Handelspraktiken, verantwortlichen Umgang mit den Medien und gerechte Umweltpolitik zu bemühen».[4]

6. In der ganzen Welt erleben wir einen Durst nach spirituellen Erfahrungen, eine Erneuerung der Religionen, ein Wiedererstarken fundamentalistischer Formen von Religiosität sowie eine starke Zunahme neuer religiöser Bewegungen. All dies steht in Verbindung mit dem Einfluss der Globalisierung und der Postmoderne. Auf der einen Seite stärkt die Vielfalt der spirituellen Ausdrucksformen, mit denen wir es zu tun haben, unser Bewusstsein für Spiritualität, vertieft unser Verständnis des göttlichen Geheimnisses und erweitert unseren Horizont. Auf der anderen Seite stellen wir fest, dass die Spannungen zwischen den Religionen aufgrund zahlreicher innerer und äusserer Faktoren, insbesondere der religiösen Stärkung geschlossener Identitäten, der Rechtfertigung von Gewalt und aggressiver Methoden der Religionsausbreitung, wachsen. Diese Tendenzen machen es umso dringlicher, dass wir eine Spiritualität der Versöhnung für die Missionsarbeit entwickeln.

7. Was den christlichen Glauben anbetrifft, so verlieren einige Kirchen zwar nach wie vor an Bedeutung, aber viele erleben ein rapides zahlenmässiges Wachstum. Der Schwerpunkt des Christentums hat sich deutlich in die ärmeren Länder der Welt verlagert und die pfingstlich-charismatische Ausdrucksform des christlichen Glaubens ist mittlerweile stark verbreitet. Das schnelle Wachstum der Pfingst- und charismatischen Kirchen ist ein auffälliges Phänomen unserer Zeit. Die positiven Auswirkungen der charismatischen Erfahrungen geben für die Zukunft des christlichen Glaubens Anlass zu grosser Hoffnung und Ermutigung. Sie lenken unsere Aufmerksamkeit auf die Theologie des Heiligen Geistes und auf die Art und Weise, wie der Geist die Kirche immer wieder für ihre Mission in jedem Zeitalter erneuert. Gleichzeitig erinnert uns

das Spannungs- und Spaltungspotenzial in der heutigen Zeit daran, dass der Geist in enger Verbindung mit Versöhnung und Frieden steht.

Es ist wichtig, dass diese pneumatologische Ausrichtung nie die Form eines «Pneumatomonismus» annimmt, so wie es in der Vergangenheit einen verdeckten «Christomonismus» gegeben hat, der den Heiligen Geist in eine Nebenrolle gedrängt hat. In der Mission der Kirche sollte das christologische Verständnis immer grundlegend durch die Pneumatologie bestimmt sein.

8. Seit dem Pfingstereignis hat der Heilige Geist die Kirche inspiriert, Jesus Christus als Herrn und Heiland zu verkündigen, und wir folgen auch heute noch gehorsam dem Befehl, das Evangelium in aller Welt zu predigen. Der Heilige Geist hat den Sohn Gottes gesalbt, «zu verkündigen, das Evangelium den Armen, ... zu predigen den Gefangenen, dass sie frei sein sollen, und den Blinden, dass sie sehen sollen, und den Zerschlagenen, dass sie frei und ledig sein sollen» (Lukas 4,18). Wir versuchen, seine befreiende und heilende Mission fortzuführen. Das schliesst ein, dass wir Menschen, die in der Sünde gefangen sind, mutig die befreiende Botschaft des Evangeliums verkünden, Kranken und Leidenden Heilung bringen und an der Seite der Unterdrückten und Ausgegrenzten für Gerechtigkeit kämpfen. Im Bewusstsein, dass der Geist Gottes von allem Anfang an in der Schöpfung gegenwärtig war und uns in unserer Mission und Evangelisation vorausgeht, haben wir auch das schöpferische Wirken des Geistes in den unterschiedlichsten Kulturen bekräftigt und haben den Dialog mit Angehörigen anderer Religionen aufgenommen. Konfrontiert mit der oben beschriebenen Lage in der Welt entdecken wir heute neu das versöhnende und heilende Amt des Heiligen Geistes.

2. Der dreieinige Gott, Quelle und Urheber der Versöhnung: biblische, theologische und liturgische Perspektiven

9. Die Versöhnung ist das Werk des dreieinigen Gottes und vollendet Gottes ewigen Schöpfungs- und Heilsplan durch Jesus Christus: «Denn es hat Gott wohlgefallen, dass in ihm alle Fülle wohnen sollte und er durch ihn alles mit sich versöhnte, es sei auf Erden oder im Himmel, indem er Frieden machte durch sein Blut

am Kreuz ... Denn in ihm wohnt die ganze Fülle der Gottheit leibhaftig» (Kol 1,19-20; 2,9). In der Person Jesu Christi waren göttliche und menschliche Natur für immer versöhnt und vereint. Dies ist der Ausgangspunkt unserer Versöhnung mit Gott. Wir müssen das, was wir in Christus in der Kraft des Heiligen Geistes bereits haben, durch Gottes Gnade und unsere Anstrengungen Wirklichkeit werden lassen.

Im dreieinigen Gott kommt das eigentliche Wesen der Gemeinschaft, der Versöhnung, auf die wir hoffen, zum Ausdruck: «Die Dreieinigkeit, die Quelle und Bild unserer Existenz ist, zeigt die Bedeutung der Verschiedenheit, des Andersseins und der intrinsischen Beziehungen bei der Schaffung einer Gemeinschaft».[5]

Versöhnung in biblischer Sicht
10. Die Bibel ist voller Versöhnungsgeschichten. Im Alten Testament werden immer wieder Konflikte und Auseinandersetzungen zwischen Brüdern, Familienmitgliedern und Völkern geschildert; in einigen dieser Geschichten versöhnen sich die streitenden Parteien am Ende, in anderen nicht. Das Alte Testament erkennt und beklagt die Dimension der Gewalt und unterstreicht die Notwendigkeit und die Macht der Versöhnung. Die Familiengeschichten von Jakob und Esau (1. Mose 25,19-33,20) oder von Joseph und seinen Brüdern (1. Mose 37-45) sind Beispiele für zwischenmenschliche Konflikte – und vielleicht auch für Konflikte zwischen Gemeinschaften. Sie veranschaulichen ferner, welch machtvolle Wirkung die Versöhnungsbereitschaft von Menschen entfalten kann, die versuchen, Streit und Feindschaft beizulegen und erlittene oder empfundene Ungerechtigkeit zu beenden, indem sie Verhandlungen führen, Busse tun, Vergebung schenken und nach Grundlagen für eine gemeinsame Zukunft suchen. Das Alte Testament spricht immer wieder von der Entfremdung zwischen Gott und seinem Volk sowie von Gottes Verlangen und Drängen nach Versöhnung und der Wiederherstellung einer Beziehung, die durch den Hochmut der Menschen und ihre mannigfaltige Auflehnung gegen den Gott des Lebens und der Gerechtigkeit verletzt und zerbrochen wurde. Versöhnung ist somit ein wichtiges Thema in den biblischen Geschichten und den liturgischen Texten Israels, wie den Psalmen,

obwohl es in der hebräischen Sprache kein eigenes Wort für Versöhnung gibt. In den Büchern der Klagetradition, wie dem Buch Hiob und den Klageliedern, wird die Sehnsucht des Menschen nach Versöhnung mit Gott mit ergreifenden Worten zum Ausdruck gebracht.

11. Ähnlich ist es im Neuen Testament, wo der Begriff «Versöhnung» selbst zwar keinen herausragenden Platz einnimmt, der Versöhnungsgedanke jedoch insgesamt eine zentrale Rolle spielt. Im Johannesevangelium sind Wahrheit und Frieden Schlüsselbegriffe; das Lukasevangelium stellt eine enge Verbindung zwischen der Erlösung und dem heilenden Dienst Jesu dar. Die Apostelgeschichte schildert, wie Juden und Heiden in einer neuen Gemeinschaft miteinander versöhnt wurden. Und in all seinen Briefen fordert Paulus mit grossem Nachdruck, dass es keine Spaltungen unter denjenigen geben darf, die Christus in seinem Leib versöhnt hat, und dass das gemeinschaftliche Leben der Christen die erste Verkörperung von Gottes Heilsplan der Versöhnung aller Dinge sein sollte. Paulus glaubt nicht nur an die Einheit von Juden und Heiden, sondern auch an die von Sklaven und Freien, Männern und Frauen in Christus (Gal 3,28).

12. Abgesehen von Mt 5,24, wo es um die Versöhnung zwischen einzelnen Menschen geht, finden wir die Begriffe «Versöhnung» und «versöhnen» – auf Griechisch katallage und katallassein – nur in den Briefen des Apostels Paulus (2. Kor 5,17-20; Röm 5,10-11; 11,15; 1. Kor 7,11 und dann Eph 2,16 und Kol 1,20-22). Der Apostel setzt sich jedoch so eindringlich mit dem Thema auseinander, dass es zu einem Schlüsselkonzept für die christliche Identität insgesamt geworden ist. Paulus verwendet den Begriff «Versöhnung», um das Wesen Gottes zu erforschen, den Inhalt des Evangeliums als gute Nachricht zu interpretieren und Dienst und Mission des Apostels und der Kirche in der Welt zu erläutern. Das Wort «Versöhnung» wird so zu einem Begriff, der praktisch alles einschliesst, was die innere Mitte des christlichen Glaubens ausmacht.

Im Folgenden wollen wir kurz zusammenfassen, wie Paulus den Begriff «Versöhnung» verwendet:

13. Der Begriff «Versöhnung» setzt schon an sich die Erfahrung zerbrochener Gemeinschaft voraus. Dies kann die Form von

Entfremdung, Spaltung, Feindschaft, Hass, Ausgrenzung, Zerbrochenheit und gestörten Beziehungen annehmen. Im Allgemeinen schliesst es auch ein gewisses Mass an Ungerechtigkeit, Verletzung und Leid ein. Versöhnung wird sowohl in der biblischen als auch in der Allgemeinsprache als Verpflichtung und Engagement verstanden, diese zerbrochenen und zerstörten Beziehungen zu heilen und neue Gemeinschaft und Beziehungen aufzubauen.

14. Paulus wendet den Begriff «Versöhnung» auf drei verschiedene, sich aber überschneidende Ebenen der Zerbrochenheit und Feindschaft an, in denen Beziehungen geheilt werden: Versöhnung zwischen Gott und den Menschen; Versöhnung zwischen verschiedenen Gruppen von Menschen; Versöhnung des ganzen Kosmos.

15. Versöhnung ist sehr viel mehr als nur die oberflächliche Beseitigung von Störungen, als die Schaffung eines Status quo blosser Koexistenz. Versöhnung zielt auf eine Verwandlung der Gegenwart, auf tiefe Erneuerung ab. Der «Friede», von dem Paulus spricht, ist an erster Stelle Friede mit Gott (vgl. Röm 5,1 und 11). Aber er ist auch zutiefst Verwandlung menschlicher Beziehungen und Aufbau von Gemeinschaft: dieser Friede ist der radikale neue Friede zwischen Juden und Heiden, der möglich geworden ist, weil Christus den Zaun der Feindschaft abgebrochen hat (Eph 2,14). Er ist sogar die Verwandlung der ganzen Schöpfung in ein Werk des Friedens, wie es im Kolosserbrief 1,20 heisst. Mit den Worten des Paulus hat Christus «alles mit sich versöhnt, es sei auf Erden oder im Himmel, indem er Frieden machte durch sein Blut am Kreuz». Dieser Vers macht deutlich, dass Versöhnung in der Tat eine neue Schöpfung im Blick hat, wie Paulus es so deutlich auch in 2. Kor 5,17 zum Ausdruck bringt. Die Kategorie der «neuen Kreatur» macht deutlich, dass es bei der Versöhnung um sehr viel mehr als um die Heilung von Zerbrochenheit geht. Hier ist die Rede von einer völlig neuen Seinsweise, wie sie in dem Loblied, das die Zusammenfassung aller Dinge in Christus preist, zum Ausdruck kommt (Eph 1,10).

16. Nach Paulus ist Gott derjenige, der die Initiative zur Versöhnung ergreift. Ja, Gott hat die Versöhnung der Welt bereits vollbracht: «Gott war in Christus und versöhnte die Welt mit sich selber» (2. Kor 5,19). Die Menschen können sich zwar um

110 Erklärungen zur christlichen Mission

Versöhnung bemühen und der Versöhnung dienen, aber die Initiative und die Wirksamkeit der Versöhnung liegen bei Gott. Die Menschen sind lediglich Empfänger der Gabe der Versöhnung. Daher müssen wir – und dies ist von grundlegender Bedeutung – klar zum Ausdruck bringen, dass christliches Leben und Sein in der Erfahrung der Versöhnung durch Gott selbst wurzelt. Christen lernen zu verstehen, was Gott in Christus bereits vollbracht hat.

17. Die Not der Menschen, die die Versöhnung mit Gott notwendig macht, liegt in der Entfremdung von Gott, die durch menschliche Sünde und Ungehorsam und den Bruch der Gemeinschaft mit Gott entstanden ist und zu Schuld und geistigem wie physischem Tod führt (Röm 3,23; Eph 2,1-3). Diese Feindschaft zwischen Gott und den Menschen wurde durch den Tod Jesu am Kreuz überwunden. «Wenn wir mit Gott versöhnt worden sind durch den Tod seines Sohnes, als wir noch Feinde waren…» (Röm 5,19). Am Kreuz gab der Sohn Gottes freiwillig sein Leben als Sühnopfer für die Sünden und die Schuld der ganzen Welt hin. Er ist das Lamm Gottes, das die Sünden der Welt trägt (Joh 1,29), das «unsre Sünde selbst hinaufgetragen hat an seinem Leibe auf das Holz» (1. Petr 2,24). Durch Christi stellvertretenden Tod «für uns» (Röm 5,8; Gal 1,4) ist ein für allemal Versöhnung erreicht worden, die zur Vergebung der Sünden, zur Gemeinschaft mit Gott und zu neuem Leben im Reich Gottes geführt hat. All dies geschieht kraft der Gnade und Liebe Gottes.

18. Fundament und Mittelpunkt der christlichen Geschichte von der Versöhnung sind somit die Geschichte von Leiden, Tod, Auferstehung und Himmelfahrt Jesu Christi. Im messianischen Wirken des Jesus von Nazareth wird sein Leiden mit dem Leiden der ganzen Menschheit verbunden und ist daher Ausdruck der tiefen Solidarität Gottes mit einer geschundenen, zerbrochenen und gepeinigten Welt. Das Kreuz ist zugleich Ausdruck des göttlichen Protestes gegen dieses Leiden, denn Jesus von Nazareth erlitt dieses Leid als unschuldiges Opfer. Er lehnte es ab, seine Zuflucht in Gewalt zu suchen. Vielmehr bestand er auf der Feindesliebe und machte die Liebe zu Gott und seinen Mitmenschen zum Hauptanliegen seines Lebens. Der grausame Akt, «dem, der gerecht war» das Leben in dieser Welt zu nehmen, spricht schon an sich das Urteil über eine Welt, in der die Mächtigen die Oberhand über ihre

Opfer zu behalten scheinen. In Christus, durch dessen Wunden wir heil geworden sind (1. Petr 2,24), begegnen wir auch Gott, der das Unrecht in dieser Welt mit der Macht der Liebe richtig stellt, mit der er sich in seinem Sohn für andere hingab, selbst für die, die Gewalt üben und Ungerechtigkeit schaffen.

19. Das Kreuz Christi und die daraus erwachsende Verpflichtung der Christen, am Leid der Menschen und ihrem Kampf für ein besseres Leben teilzuhaben, stellt nicht das einzige Kriterium für die Mission der Kirche dar. Erst durch die Auferstehung empfängt der Tod Christi seine wahre Bedeutung. Auferstehung bedeutet, dass Gott selbst Jesus und sein Kreuz anerkannt hat; es war ein befreiender Akt, dass er das Kreuz zu einem Werkzeug der Erlösung und Versöhnung gemacht hat. Auferstehung bedeutet jedoch noch mehr: sie ist selbst integraler Bestandteil des göttlichen Versöhnungswerkes in Christus. Die Christen verstehen die Auferstehung nicht nur als historisches Ereignis oder als Glaubensartikel, sondern auch als eine in der Gegenwart gelebte Wirklichkeit, die für sie ein göttliches Geheimnis darstellt. In der Missionstheologie bilden Kreuz und Auferstehung eine untrennbare Einheit. Die Kirche existiert nicht nur, weil Christus am Kreuz starb, sondern auch und vor allem, weil er von den Toten auferstanden und so zum Erstling der ganzen Menschheit geworden ist. (vgl. 1. Kor 15, 20). Die zentrale Stellung, die die Auferstehung sowohl im Neuen Testament als auch im Leben der Kirche einnimmt, gibt uns nicht nur «die Hoffnung, die in uns ist» (1. Petr. 3,15), sondern begründet auch die vorrangige Bedeutung der Eschatologie.

20. Der Heilige Geist befähigt die Menschen, an der Geschichte Gottes, der die Welt in Jesus Christus versöhnt hat, teilzuhaben. In Röm 5, wo Paulus darlegt, wie Gott Sünder und sogar Feinde Gottes und Gottlose mit sich selbst versöhnt, sagt der Apostel, dass die Liebe Gottes durch den Heiligen Geist in unsere Herzen ausgegossen worden ist. In Jesus Christus, der auferstanden und in den Himmel aufgefahren ist, haben wir nicht nur die Gabe der Versöhnung empfangen, sondern in ihm sind wir auch zum Dienst in die Welt gesandt worden. Dies kommt z.B. in der ethischen Unterweisung des Paulus zum Ausdruck, in der er Einzelne und Gemeinden eindringlich dazu aufruft, Zeichen der ihnen zuteil

112 Erklärungen zur christlichen Mission

gewordenen Versöhnung zu sein und diese Versöhnung konkret zu leben (vgl. Röm 12,9-21). Es kommt auch in der Art und Weise zum Ausdruck, wie Paulus über seine eigene Mission spricht: «das Amt, das die Versöhnung predigt» (2. Kor 5,18). An diesem Amt der Versöhnung teilzuhaben – d.h. die Versöhnung, die der Heilige Geist bringt, mit in die Welt zu tragen und allen Menschen Gottes Werk der Versöhnung zu verkünden – das ist die christliche Berufung heute genau wie zu Paulus' Zeiten.

21. Das bedeutet, dass Gottes Werk der Versöhnung mit den Menschen nicht am Kreuz und in der Auferstehung zu Ende gegangen ist; die Kirche hat es vielmehr im Dienst der Versöhnung, der ihr aufgetragen worden ist, in der Geschichte fortgesetzt. Ausgehend von der Versöhnung, die Gott den Menschen durch Christi Tod und Auferstehung gebracht hat, ruft die Kirche alle Menschen zur Versöhnung mit Gott auf. «Aber das alles von Gott, der uns mit sich selber versöhnt hat durch Christus und uns das Amt gegeben, das die Versöhnung predigt» (2. Kor 5, 18-21). Dieses Angebot der Versöhnung wird im Glauben angenommen und persönlich erfahren. (Eph 2,8).

Heiliger Geist und Versöhnung

22. Der Heilige Geist befähigt die Kirche, an diesem Werk der Versöhnung mitzuwirken, wie im Dokument «Mission und Evangelisation in Einheit heute» festgestellt wird: «Die Mission Gottes *(missio Dei)* ist Quelle und Fundament der Mission der Kirche, des Leibes Christi. Durch Christus im Heiligen Geist wohnt Gott der Kirche inne und befähigt und kräftigt ihre Glieder.»[6] Das Amt des Geistes (2. Kor 3,8) ist ein Amt der Versöhnung, das uns durch Christus gegeben und anvertraut worden ist (2. Kor 5,18-19).

23. In der Kraft des Geistes wächst die Kirche als koinonia – als Gemeinschaft des Heiligen Geistes (2. Kor 13,13) – fortwährend in eine heilende und versöhnende Gemeinschaft hinein, die die Freuden und Leiden ihrer Mitglieder teilt und all jenen die Hand reicht, die der Vergebung und Versöhnung bedürfen. Nach der Apostelgeschichte (2,44-45; 4,32-37) hat die Urgemeinde, die am Pfingsttag ins Leben gerufen wurde, ihre Güter unter ihren Mitgliedern verteilt und die Wechselbeziehung zwischen «geistlichen» und «materiellen» Anliegen in der christlichen Mission und

im kirchlichen Leben betont. Ein Aspekt des «befähigenden Amtes» des Heiligen Geistes ist es, Christen und christliche Gemeinschaften mit charismatischen Gaben auszustatten, zu denen auch die Fähigkeit des Heilens gehört (1. Kor 12,9; Apg 3).

24. Die Kirche selbst bedarf der ständigen Erneuerung durch den Geist, damit sie in der Lage ist, den Willen Christi zu erkennen, und damit der Geist ihr die Augen auftun kann über die Spaltung und die Sünde in ihrer Mitte (Joh 16,8-11). Diese Busse der Kirche Christi ist bereits Teil des Dienstes und Zeugnisses der Versöhnung in der Welt.

25. Der Heilige Geist bläst, wo er will (vgl. Joh 3,8). Das heisst, dass der Geist keine Grenzen kennt und zu Menschen aller Religionen wie auch zu Menschen ohne religiöse Bindungen – deren Zahl in dieser Zeit der Säkularisierung stetig wächst – spricht. Die Kirche ist aufgerufen, die Zeichen des Geistes in der Welt zu erkennen, in der Kraft des Geistes Zeugnis von Christus abzulegen (Apg 1,8) und sich für Befreiung und Versöhnung in all ihren Formen einzusetzen (2. Kor 5,18-19).

26. In den Leiden der Gegenwart teilt der Geist unser «Seufzen» und den Geburtsschmerz der ganzen Schöpfung, die der «Knechtschaft der Vergänglichkeit» unterworfen ist (Röm 8,26 und 21-22). Daher sehnen wir uns in Hoffnung und Freude nach der Erlösung unseres Leibes (Röm 8,23). Derselbe Geist Gottes, der beim Schöpfungsakt «auf dem Wasser schwebte» (1. Mose 1,2), wohnt der Kirche inne und wirkt oft auf geheimnisvolle und verborgene Weise in der Welt. Der Geist wird teilhaben am Hereinbrechen der neuen Schöpfung, wenn Gott alles in allem sein wird.

27. Seit der Zeit des Neuen Testaments lassen sich im Verständnis der Pneumatologie zwei verschiedene Richtungen erkennen. Die eine geht davon aus, dass der Heilige Geist voll und ganz von Christus abhängig und sein Werkzeug zur Erfüllung des missionarischen Auftrags ist. Dies hat zu einer Missionstheologie geführt, die sich auf Aussendung und In die Welt gehen konzentriert. Die andere versteht den Heiligen Geist als Quelle Christi und die Kirche als eschatologische *synaxis* (Versammlung) des Volkes Gottes im Reich Gottes. In dieser zweiten Perspektive ist Mission als «In die Welt gehen» das Ergebnis, nicht der Ursprung der

Kirche. Mission ist die Liturgie nach der Liturgie. Da Versöhnung Vorbedingung für die Eucharistie (der Akt, der die Kirche de facto konstituiert) ist, wird sie in dieser Perspektive zur Grundlage der Mission.

Liturgische Perspektiven zur Versöhnung

28. Die Mission der Kirche, die ihr in der Kraft des Heiligen Geistes zukommt, erwächst aus Lehre, Leben und Werk unseres Herrn Jesus Christus. Dies muss vor dem Hintergrund des jüdischen Erwartungshorizonts verstanden werden. Kernstück dieser Erwartungen war die Vorstellung von der Ankunft eines Messias, der «in den letzten Tagen» der Geschichte sein Reich errichten würde (Joel 3,1; Jes 2,2 und 59,21; Hes 36,24, usw.), indem er alle verstreuten und betrübten Kinder Gottes an einen Ort zusammenrufen, sie mit sich versöhnen und zu einem Leib um sich herum versammeln würde (Mi 4,1-4; Jes 2,2-4; Ps 147,2-3). Im Johannesevangelium wird klar zum Ausdruck gebracht, dass der Hohepriester weissagte: «...Jesus sollte sterben ...nicht für das Volk allein, sondern auch, um die verstreuten Kinder Gottes zusammenzubringen» (Joh 11,51-52).

29. Diese Versöhnung haben die ersten christlichen Gemeinden in ihrem liturgischen, genauer gesagt, in ihrem (im weiteren Sinne) «eucharistischen» Leben erfahren. Diese Gemeinden litten unter Zwietracht und Spaltungen, doch da sie durch die Gnade unseres Herrn mit Gott versöhnt worden waren, spürten sie die Verpflichtung, diese Versöhnung auch miteinander zu leben durch die Eingliederung in das eine Volk Gottes in der Eucharistie. Dies war ein bedeutsamer, Identität stiftender Akt, der als Manifestation (genauer gesagt, als Vorgeschmack) des kommenden Reiches gefeiert wurde. Es ist kein Zufall, dass die Teilnahme am Tisch des Herrn einen Akt der Versöhnung mit den Schwestern und Brüdern voraussetzte, dem eine tiefe symbolische Bedeutung zukommt und der an die zentrale Botschaft des Evangeliums erinnert (Mt 5, 23-24). Dieser Akt der Versöhnung wird häufig auch heute noch praktiziert. Durch den «Kuss der Liebe» geben sich die Kirchenglieder ein Zeichen der Versöhnung und verpflichten sich, die Beziehungen in der Gemeinde zu heilen. In ähnlicher Weise macht Paulus den Korinthern klar, dass die Feier des Herrenmahls selbst gefährdet ist,

wenn sie nicht miteinander teilen (1. Kor 11,20-21) und fordert sie auf, dies ernst zu nehmen.

30. Dieser eucharistische Akt ist nicht der einzige liturgische Versöhnungsritus im Heilungsprozess. Die Taufe, die einen Akt der Busse voraussetzt, ist ein gemeinsames Zeichen der Eingliederung in den einen Leib durch den Heiligen Geist (1. Kor 12,13; Eph 4,4-5). Der Akt des Sündenbekenntnisses, der für einige Kirchen sakramentale Bedeutung hat, wurde ursprünglich als notwendiger Prozess der Versöhnung mit der Gemeinschaft – als Sakrament der Versöhnung – verstanden. Es gibt auch den Akt – oder das Sakrament – der Salbung mit ihrer heilenden Wirkung. Für viele Kirchen hat auch das Abendmahl selbst heilende Bedeutung. Diese Beispiele lenken unsere Aufmerksamkeit auf die Bedeutung von Versöhnung und Heilung in Leben und Mission der Kirche.

31. Diese Ausdrucksformen des Reiches Gottes in der Gemeinschaft bildeten den Ausgangspunkt für die christliche Mission, das «Sprungbrett» für den Exodus der Kirche in die Welt, in der sie Zeugnis ablegt. Die missionarische Aufgabe der Kirche erwächst direkt aus diesem Bewusstsein, dass die Kirche der dynamische, vereinte Leib der versöhnten Gläubigen ist, die den Auftrag haben, Zeugnis vom kommenden Reich Gottes abzulegen. Indem wir uns bemühen, in der Welt den Dienst der Versöhnung (2. Kor 5,18 ff) manifest werden zu lassen, werden wir zu einer versöhnenden Gemeinschaft. Dieser Auftrag «Botschafter an Christi Statt» zu werden, schliesst eine Verpflichtung zur Verkündigung des Evangeliums ein. «So bitten wir nun an Christi Statt: Lasst euch versöhnen mit Gott! Denn er hat den, der von keiner Sünde wusste, für uns zur Sünde gemacht, damit wir in ihm die Gerechtigkeit würden, die vor Gott gilt» (2. Kor 5,20-21). In ökumenischer Perspektive verfolgt eine solche Evangelisation «das Ziel, eine versöhnende und versöhnte Gemeinschaft aufzubauen (vgl. 2. Kor 5,19), die auf die Fülle des Gottesreiches hinweist, das 'Gerechtigkeit und Friede und Freude in dem heiligen Geist' (Röm 14,17) ist». Diese Erklärung aus dem Vorbereitungsdokument für Salvador klingt in der jüngsten ÖRK-Missionserklärung an: «Von der Evangelisation zu sprechen bedeutet, die Verkündigung von Gottes Angebot von Freiheit und Versöhnung zusammen mit der Einladung hervorzuheben, sich denen anzuschliessen, die Christus nachfolgen, und für die Herrschaft Gottes zu arbeiten.»[7]

3. Versöhnung als missionarisches Gebot

32. Die Tatsache, dass Kirchen überall auf der Welt sich gegenwärtig ganz neu auf Versöhnung und Heilung besinnen und dass parallel dazu in vielen Gesellschaften der Welt das Interesse an Heilung und Versöhnung wächst, hat uns dazu veranlasst, neu darüber nachzudenken, wozu Gott uns heute in der Mission aufruft. Im Bewusstsein, dass wir die Versöhnung, die wir in Jesus Christus empfangen haben, in der Welt verkünden müssen, sind wir zu der Überzeugung gelangt, dass Mission Versöhnung bedeutet.

33. Mission als Dienst der Versöhnung schliesst die Verpflichtung ein, der Welt das Evangelium Jesu Christi in seiner ganzen Fülle zu bringen, die gute Nachricht von dem, der durch seine Fleischwerdung, seinen Tod und seine Auferstehung ein für allemal das Fundament für die Versöhnung mit Gott, die Vergebung der Sünden und das neue Leben in der Kraft des Heiligen Geistes gelegt hat. Dieser Dienst lädt die Menschen ein, Gottes Angebot der Versöhnung in Christus anzunehmen und in der Gemeinschaft seiner Kirche zu seinen Jüngern zu werden. Er verheisst den Menschen, dass sie sowohl in diesem Zeitalter als auch in Gottes künftigem, ewigem Reich auf die Fülle des Lebens in Gott hoffen dürfen.

34. Der Dienst der Versöhnung schliesst auch Versöhnungsarbeit unter Menschen und zwischen Gesellschaften ein. Um zu verstehen, was diese Teilhabe an Gottes Mission der Versöhnung bedeuten kann, werden wir uns näher mit den Zielen und Prozessen der Versöhnung und Heilung befassen. Dies schliesst einige allgemeine Gedanken und Überlegungen zu der Frage ein, wie Versöhnung und Heilung entstehen, d.h. welche Dynamik diesen Prozessen zugrunde liegt.

35. Versöhnung ist und resultiert aus einem Prozess, der zu Frieden in Gerechtigkeit führt. Die Vision von Versöhnung beinhaltet die Herstellung von Gemeinschaft und Gemeinschaft bedeutet, dass Zerbrochenheit und Sektierertum überwunden sind, dass Menschen zusammenleben und sich gegenseitig mit Achtung und Toleranz begegnen. Versöhnung führt dazu, dass die Menschen in einer angstfreien Atmosphäre miteinander kommunizieren können. Sie impliziert Toleranz, Integration und Rücksichtnahme.

Versöhnte Gemeinschaft bedeutet, dass Differenzen im Dialog und ohne Anwendung von Gewalt beigelegt werden.

36. Versöhnung wird zum einen zwischen Einzelpersonen angestrebt, um Spaltungen, Feindschaft und Konflikte, die aus der Vergangenheit herrühren, zu überwinden. Hier muss die innere Dynamik, die das Verhalten beider Seiten, von Opfern und Tätern, bestimmt, untersucht werden. Versöhnung muss zum anderen auch zwischen Gruppen oder Gemeinschaften herbeigeführt werden. In diesen Fällen gilt es, den gesellschaftlichen und strukturellen Beziehungen besondere Aufmerksamkeit zu schenken. Und Versöhnung muss manchmal auch innerhalb und zwischen Völkern hergestellt werden, wobei die Struktur ganzer Gesellschaften auf dem Prüfstein steht. Im ersten Fall, der Versöhnung zwischen Einzelpersonen, geht es häufig um die Wiederherstellung von Würde und Menschlichkeit. Im zweiten Fall konzentriert sich Versöhnung auf die Frage, wie das Zusammenleben sowohl unter den Menschen als auch in der ganzen Schöpfung aussehen kann. Im dritten Fall müssen die Institutionen der Gesellschaft selbst aufmerksam geprüft werden, damit Wiederaufbau möglich ist.

37. Versöhnung ist sowohl ein Ziel als auch ein Prozess. Als Einzelpersonen und Gesellschaften brauchen wir eine Vision, damit wir auf dem Weg zu einem zukünftigen Zustand des Friedens und des Wohlergehes beharrlich vorwärts gehen. Aber wenn wir den Prozess nicht verstehen, können wir in unserer Arbeit leicht den Mut und die Orientierung verlieren. In der Praxis werden wir feststellen, dass mal das Ziel, mal der Prozess im Vordergrund steht, denn für Versöhnung und Heilung brauchen wir beides.

Die Dynamik von Versöhnungsprozessen

38. Wir müssen sowohl der Einleitung des Prozesses der Versöhnung als auch seiner konsequenten Fortführung unsere volle Aufmerksamkeit schenken. Die an diesem Prozess Beteiligten werden häufig in Opfer und Täter eingeteilt. Manchmal fällt es leicht, beide Parteien voneinander zu unterscheiden und zu identifizieren, wie es z.B. häufig bei Opfern von Vergewaltigungen und Vergewaltigern der Fall ist. Aber bei lange andauernden Konflikten können Opfer zu einem späteren Zeitpunkt selbst zu Tätern und Täter wiederum zu Opfern werden. Aufgrund dessen ist es wenig

hilfreich, die Beteiligten in klare Kategorien einzuteilen. Wenn die Kirche sich auch in besonderer Weise um die Opfer bemüht, so erfordern Versöhnung und Heilung doch sowohl Rehabilitierung und Heilung des Opfers als auch Busse und Verwandlung des Täters. Diese Dinge geschehen nicht immer in klarer Abfolge, aber eine «neue Kreatur» (2 Kor 5,17) kann nur entstehen, wenn beide Seiten einen Wandel durchlaufen.

39. Sechs Aspekte des Versöhnungs- und Heilungsprozesses erfordern besondere Aufmerksamkeit: **Wahrheit, Erinnerung, Busse, Gerechtigkeit, Vergebung und Liebe.**

Die **Wahrheit** über die Vergangenheit herauszufinden, ist häufig schwierig, weil Übergriffe und Grausamkeiten unter dem Deckmantel des Schweigens verborgen werden. Heilung setzt voraus, dass das Schweigen gebrochen wird und dass die Wahrheit ans Licht kommen kann. Dies ermöglicht das Eingeständnis von bislang verschwiegenem Missbrauch.

40. Manchmal, wie z.B. unter repressiven Regimes, findet eine systematische Verzerrung der Wahrheit statt. Dort, wo Wahrheit herrschen sollte, behalten Lügen die Oberhand. In solchen Fällen ist es nötig, beharrlich für die Wahrheit einzutreten. Das ist besonders dann erforderlich, wenn die Sprache der Versöhnung selbst missbraucht wird. Es hat Fälle gegeben, in denen die Täter zur «Versöhnung» aufgerufen haben, wobei sie in Wirklichkeit meinten, die Opfer sollten das ihnen widerfahrene Unrecht vergessen und das Leben sollte weitergehen, als wäre nichts geschehen. In solchen Fällen ist die Bedeutung des Wortes «Versöhnung» so vergiftet, dass es nicht mehr verwendet werden kann. In anderen Fällen drängen die Täter zu voreiliger «Versöhnung», damit die Ansprüche der Opfer nicht mehr zur Sprache kommen können. Sie tun dies z.B., indem sie Christen Schuldgefühle vermitteln, weil sie nicht schnell vergeben können. Gegen diese missbräuchliche Verwendung des Begriffs der Versöhnung muss Widerstand geleistet werden.

41. In verschiedenen Ländern sind nach langjährigen Konflikten und Kämpfen nationale Wahrheits- und Versöhnungskommissionen eingerichtet worden, die den Auftrag haben, die Wahrheit über die Vergangenheit offen zu legen. Die Kommission in Südafrika ist vielleicht die bekannteste unter ihnen. Die Notwendigkeit, solche

Kommissionen einzurichten, zeigt, wie schwierig die Suche nach der Wahrheit ist und welche Bedeutung ihr gleichzeitig für Versöhnung und Heilung zukommt.

42. Das christliche Verständnis von Wahrheit kann in solchen Situationen weiterhelfen. Der Geist Gottes ist der Geist der Wahrheit (Joh 14,17) und Jesus, der «der Weg und die Wahrheit und das Leben» ist (Joh 14,6), betete für die Heiligung seiner Jünger durch den Geist der Wahrheit (Joh 17,17). Die Wahrheit herauszufinden, kann insbesondere nach Konfliktsituationen schwierig sein. Die Achtung der Wahrheit erwächst aus der Erkenntnis, dass Gott will, dass die Wahrheit gesagt wird (vgl. prophetische Tradition).

43. **Erinnerung** ist eng mit Wahrheit verbunden. Wie stellt sich die Vergangenheit in unserer Erinnerung dar? Wie sollen wir von ihr sprechen? Authentische Erinnerung sollte die Wahrheit über die Vergangenheit sagen. Traumatische Erinnerungen an geschehenes Unrecht und grausame Verbrechen bedürfen der Heilung, wenn sie Bausteine für die Schaffung einer neuen Art von Zukunft werden sollen. Erinnerungen zu heilen, bedeutet, dass diese ihr Vergiftungspotenzial verlieren. Wenn dies geschieht, dann halten sie uns nicht mehr in der Vergangenheit gefangen, sondern geben uns die Kraft, eine Zukunft zu gestalten, in der das Unrecht der Vergangenheit sich nicht mehr wiederholen kann.

44. Bei Erinnerungen geht es nicht nur um die Vergangenheit. Sie sind auch Identität stiftend. Die Art und Weise, wie wir uns an die Vergangenheit erinnern, bildet sowohl die Grundlage für unser Zusammenleben und unsere Beziehungen in der Gegenwart als auch dafür, wie wir uns unsere Zukunft vorstellen. Aus diesem Grund ist die Erinnerung für den Prozess der Versöhnung und Heilung von zentraler Bedeutung.

45. Erinnerungen, die nicht heilen, können der Versöhnung im Wege stehen. Manchmal gelingt es erst den nachfolgenden Generationen, Versöhnung herbeizuführen. In einigen Fällen sind die Opfer so in ihren Erinnerungen gefangen, dass sie Hilfe benötigen, um davon freizukommen. Das kann bedeuten, dass für die Opfer ein Rahmen geschaffen wird, in dem sie ihren Zorn zum Ausdruck bringen können. In einigen wenigen Fällen wollen die Opfer nicht geheilt werden und benutzen ihre Erinnerungen, um jeglichen Fortschritt zu vermeiden. Diejenigen, die

Versöhnungsarbeit leisten, haben die wichtige Aufgabe, Opfer zu begleiten, damit diese sich von traumatischen Erinnerungen befreien können.

46. Projekte zur Offenlegung von Erinnerungen, die unterdrückt oder verzerrt worden sind, haben häufig grosse Bedeutung, um gemeinsam eine neue Zukunft aufzubauen zu können. Das zeigen Beispiele wie die Veröffentlichung der Ergebnisse von Wahrheits- und Versöhnungskommissionen[8] oder die Sammlung von Erinnerungen über das, was in der Vergangenheit geschehen ist.[9] Die Offenlegung von Erinnerungen kann für Täter, die noch an der Macht sind, eine Bedrohung darstellen.[10]

47. Für das christliche Leben und Zeugnis ist es von zentraler Bedeutung, dass wir Erinnerungen offen legen und es zulassen, dass sie uns helfen, unser Leben in der Gegenwart zu leben wie auch unsere Zukunft zu planen. Wir feiern die Eucharistie, um uns daran zu erinnern, was Jesus zugestossen ist – der Verrat an ihm, sein Leiden, sein Tod – und wie er von den Toten auferweckt wurde. Es ist diese Erinnerung an das, was Gott in Jesus vollbracht hat, die uns Hoffnung gibt, und es ist der Geist Christi, der uns Kraft für unser Werk der Versöhnung gibt.

48. In vielen Konflikten kann Versöhnung nur geschehen, wenn zuvor **Busse** *(metanoia)* getan wird. Da diesen Konflikten eine Situation zugrunde liegen kann, in der persönlich oder kollektiv begangenes Unrecht und Schuld zu Feindschaft oder Entfremdung geführt haben, kann wahre Versöhnung erst dann stattfinden, wenn die schuldige Partei Busse für ihre Sünde und ihr Unrecht getan hat. Jesu Verkündigung des Reiches Gottes ging einher mit dem Aufruf zur Busse und zum Glauben an das Evangelium (Mk 1,15). Es ist bedeutsam, dass Jesu Aufruf zur Busse mit dem neuen Zeitalter der Erlösung begründet wird, das mit seinem Kommen angebrochen ist. Wahre Busse kann nicht das Ergebnis von Bedrohung und Angst sein, sondern muss aus der Einsicht in die eigene Schuld erwachsen, aus der Sehnsucht und Hoffnung auf eine neue versöhnte Beziehung, die auf Vergebung aufbaut (Apg 2,38).

49. **Gerechtigkeit** ist eine wesentliche Voraussetzung für Versöhnung. Drei Arten von Gerechtigkeit sind vonnöten: erstens **vergeltende Gerechtigkeit**, bei der die Täter für ihr Handeln zur Rechenschaft gezogen werden. Das ist wichtig, weil damit einer-

seits geschehenes Unrecht festgestellt und andererseits zum Ausdruck gebracht wird, dass solches Unrecht in Zukunft nicht mehr hingenommen wird. Vergeltende Gerechtigkeit sollte die Aufgabe von rechtmässig verfassten Staaten sein. Bestrafung ausserhalb dieses Rahmens kann das Werk von Regimegegnern sein oder zu blosser Rache degenerieren und sollte vermieden werden. Wenn der Staat selbst in das Unrecht verstrickt ist, kann es möglich sein, vergeltende Gerechtigkeit durch gewaltlosen Protest zu erreichen.[11] Dies erfordert grosse persönliche Opfer.

50. Zweitens muss **wiedergutmachende Gerechtigkeit** geschehen, bei der die Opfer das, was ihnen zu Unrecht genommen worden ist, entweder direkt oder in symbolischer Weise zurückerhalten. Dies kann entweder durch Wiedergutmachung oder Entschädigung geschehen. Im Lukasevangelium zeigt die Zachäusgeschichte (19,1-10), wie wahre Busse, die aus der Begegnung mit Christus erwächst, zu einer radikalen Form der Wiedergutmachung führen kann. In anderen Fällen, wenn der Täter oder das Opfer z.B. tot sind, mag es nötig sein, die Versöhnung in anderer Form zum Ausdruck zu bringen – z.B. durch eine öffentliche Gedenkstätte.

51. Und schliesslich ist **strukturelle Gerechtigkeit** vonnöten, die mit der Reform gesellschaftlicher Institutionen einhergeht, um zu verhindern, dass sich konkrete Fälle von Ungerechtigkeit in der Zukunft wiederholen. Bestimmte Dimensionen der wiedergutmachenden und strukturellen Gerechtigkeit erfordern häufig besondere Aufmerksamkeit. Um z.B. wirtschaftliche Gerechtigkeit zu erreichen, ist eine Reform des internationalen Handelsrechts und der Handelsmechanismen notwendig. Geschlechtergerechtigkeit setzt voraus, dass die besondere soziale Kompetenz und die Beiträge von Frauen zur Überwindung von Ungerechtigkeit und zur Herstellung gerechter Beziehungen beachtet werden. Sexismus und Rassismus können nur durch strukturelle Reformen besiegt werden. In den letzten Jahren ist auch die Notwendigkeit ökologischer Gerechtigkeit in den Vordergrund getreten.

52. Der Heilige Geist sprach durch die alttestamentlichen Propheten, um Ungerechtigkeit zu verurteilen, und salbte Jesus Christus, damit er den Unterdrückten Freiheit brächte (Lk 4,18-19). Wenn Christen sich heute engagieren und insbesondere den Prozess der wiedergutmachenden Gerechtigkeit sowie die Reformen voran-

bringen wollen, die Voraussetzung für strukturelle Gerechtigkeit sind, dann gibt der Geist ihnen genau wie damals die Gabe der Prophezeiung und der mutigen Entschlossenheit. Die biblischen Bilder des Bundes – Annahme aller Menschen durch Gott; rechte Beziehungen zwischen Gott und den Menschen – unterstützen diese Bemühungen um gesellschaftliche Reformen, die in der Bibel in der Geldsammlung zum Ausdruck kommen, die der Apostel Paulus für Jerusalem durchführt, damit zwischen den Kirchen ein «Ausgleich» geschehe und sie sich gegenseitig helfen, wenn eine von ihnen Not leidet (2. Kor 8,14).

53. **Vergebung** wird häufig als spezifisch religiöse Dimension der Versöhnung und Heilung angesehen. Es ist wichtig zu erkennen, dass Vergebung nicht bedeutet, dass wir über vergangenes Unrecht hinwegsehen oder gar auf Strafe verzichten. Vergebung erkennt an, was in der Vergangenheit geschehen ist, strebt aber eine neue Beziehung sowohl zum Täter als auch zur Tat an. Ohne Vergebung bleiben wir mit unseren Beziehungen in der Vergangenheit gefangen und können keine neue Art von Zukunft aufbauen.

54. Wenn wir heute die Versöhnung der menschlichen Gemeinschaft anstreben, so erfordert dies neben einer christlichen Vision von Versöhnung, dass wir mit den verschiedenen Glaubensgemeinschaften in Austausch treten. Für uns als Christen bedeutet das, dass wir die Vision der anderen grossen religiösen Traditionen von Heilung und Ganzheit kennen lernen müssen, denn in vielen Situationen wird es notwendig sein, dass wir mit ihnen zusammenarbeiten. In diesen Situationen müssen wir als Christen auch in der Lage sein, unseren Gesprächspartnern eine Vorstellung über unseren eigenen Beitrag zu der gemeinsamen Aufgabe zu vermitteln. Viele Kulturen verfügen über eigene spirituelle und rituelle Ressourcen, um Versöhnung und Heilung herbeizubringen. Wenn immer möglich, müssen diese in unsere Versöhnungsarbeit einbezogen werden.

55. Vergebung ist für Christen von ganz besonderer Bedeutung. Wir glauben, dass Gott derjenige ist, der Sünden vergibt (Mk 2,7-12). Jesus kam unter uns und verkündigte die Vergebung der Sünden (Lk 24,47), er offenbarte uns die Gnade Gottes und die Möglichkeit, die Vergangenheit zugunsten einer ganz neuen Art

von Zukunft zu überwinden. Die persönliche Erfahrung, angenommen zu werden und Gottes Gnade zu empfangen, kann das Leben eines Menschen völlig verändern und ihn bewegen, sich anderen in Liebe zuzuwenden und sich für die Verwandlung der Gesellschaft einzusetzen, wie die Geschichte von Zachäus zeigt. Als Jesus auferstanden war und seinen Jüngern den Heiligen Geist einblies, sandte er sie mit dem Auftrag zur Sündenvergebung in die Welt (Joh 20,21-23).

56. Vergebung durch Gott steht in engem Zusammenhang mit unserer Bereitschaft, anderen zu vergeben (siehe Mt 6,12 und 14-15). Aufgrund dessen meinen Christen häufig, dass wir «vergeben und vergessen» sollten. Wir können Unrecht nie so vergessen, als wäre es nicht geschehen. Dies von Opfern zu verlangen, würde bedeuten, sie einmal mehr zu erniedrigen. Wir können Unrecht nie vergessen, aber wir können uns in anderer Weise daran erinnern – und dies öffnet uns den Weg zu einer neuen Beziehung zur Vergangenheit und zum Täter. Genau dazu sind wir als Christen aufgerufen.

57. **Die Liebe** *(agape)* ist das charakteristischste Merkmal des Christentums. Der dreieinige Gott, drei Personen in einer Gottheit, ist Ausdruck der vollkommenen Einheit verschiedener Personen, der höchsten Liebe, die alles umfasst. Gott offenbart und manifestiert sich selbst als Liebe, denn Gott ist Liebe (Joh 3,16; 1. Joh 4,7-21). Wir sind nach dem Bilde Gottes geschaffen und durch die Taufe neu erschaffen worden und «die Liebe Gottes ist ausgegossen in unsere Herzen durch den heiligen Geist, der uns gegeben ist» (Röm 5,5; vgl. Gal 5, 22). Daher ist es uns nicht unmöglich, das Gebot der Feindesliebe (Mt 5, 44) zu erfüllen. Gott verlangt nichts von uns, was er uns nicht zuvor schon gegeben hätte. Unsere Feinde zu lieben, ist gleichzeitig Gottes Gabe und die persönliche Anstrengung des Menschen, «der bessere Weg» (1. Kor 12,31; 13, 1-8), der uns zu einem heiligen Leben führt, der Christus, unser Vorbild, sein Leben und sein Denken in uns Gestalt gewinnen lässt (Gal 4,19): «Wir aber haben Christi Sinn» (1. Kor 2,16). Die Liebe erfüllt den ganzen Versöhnungsprozess und ist wahres Zeichen seiner Authentizität.

58. Wahrheit, Erinnerung, Busse, Gerechtigkeit, Vergebung und Liebe sind wesentliche Elemente einer ganzheitlichen, vollen und

wahren Versöhnung. Die Erfahrung hat jedoch gezeigt, dass es nicht immer zu einer vollen Versöhnung kommt. In den meisten biblischen Geschichten bleibt die Versöhnung **unvollkommen**. Die bekannten Geschichten von Sarah und Hagar, Jakob und Esau, Rahel und Lea lassen die Frage offen, ob die beteiligten Personen sich wirklich versöhnt haben. Selbst im Gleichnis vom verlorenen Sohn ist nicht die Rede von einer Versöhnung zwischen den zwei Brüdern. In den meisten schweren Konflikten bleiben auf beiden Seiten Vorbehalte bestehen, die einer gegenseitigen vollen Annahme und Versöhnung im Weg stehen. Damit wollen wir jedoch nicht sagen, dass es keine wahre Versöhnung geben kann, sondern vielmehr anerkennen, dass der Versöhnungsprozess viel Zeit in Anspruch nehmen, dass es vielleicht ein Leben lang oder mehr als eine Generation dauern kann, bis Verletzungen, Misstrauen und Wut überwunden sind.

59. Eine andere Dimension dieses Prozesses besteht darin, dass die Urheber von Konflikten vielleicht nie, auch nicht nach Beendigung der Konflikte, Busse tun oder um Vergebung bitten. Berichte aus Südafrika und anderen Teilen der Welt bestätigen das. In solchen Fällen müssen die Opfer unter Umständen Wege finden, wie sie mit der Situation fertig werden können, z.B. indem sie, sozusagen als eine Form des Widerstandes, räumlichen Abstand vom Ort der Unterdrückung schaffen. Das Opfer erkennt dann oft, dass es vergeben muss, auch wenn der Täter nicht bereut und nicht um Vergebung bittet. Das Opfer muss jedoch die Kraft finden, weiterzuleben und mit der Situation fertig zu werden. Mit Gefühlen des Zorns, der Verletzung und der Bitterkeit zu leben, ist für die Persönlichkeit des Opfers wie auch für die Weiterentwicklung des Einzelnen und der Gemeinschaft schädlich. Es gibt andere Situationen, in denen der Täter aufrichtig um Vergebung bittet, sie aber nicht bekommt. In solchen Fällen ist es seine Aufgabe, andere Wege zu finden, wie er mit seiner Schuld fertig wird. Es kann auch sein, dass das Opfer sich selbst vergeben muss, weil es zugelassen hat, dass etwas geschehen konnte und weil es Mitschuld in unterdrückerischen Systemen auf sich genommen hat. Es ist wichtig, dass solche Dimensionen der Erfahrungen des Täters oder des Opfers in der Dynamik des Versöhnungsprozesses angemessen berücksichtigt werden.

60. Versöhnung und Heilung – sei es auf der Ebene der Gesellschaft, der Gemeinschaft oder des Individuums – sind Ziele, die wir inmitten der Ambivalenz und Zerbrochenheit des menschlichen Lebens anstreben. Diese Ziele sind von der biblischen Vision der eschatologischen Wiederherstellung des ursprünglichen Shalom, des Hereinbrechens des verheissenen Gottesreiches am Ende der Zeit, wenn alles geheilt, wiederhergestellt und in Gott vereint sein wird, inspiriert. Wir können zum gegenwärtigen Zeitpunkt der menschlichen Geschichte hoffen, Versöhnung und Heilung oder Gerechtigkeit, Frieden und die Bewahrung der Schöpfung bis zu einem gewissen Grad zu erreichen. Während die Vision von voller Versöhnung und Heilung die Gesamtheit von Gottes Schöpfung umfasst, ist unser Beitrag genau wie unsere Vision begrenzt. Aber wir sind aufgerufen, als Gemeinschaft Zeichen der Versöhnung Gottes zu setzen, denn indem wir das tun, erneuern wir die Hoffnung. Tatsächlich müssen wir in unserem Engagement für Versöhnung und Heilung in der Welt die Versöhnung im menschlichen Leben, in Gesellschaft und Schöpfung zum einen als Ziel und zum anderen als Prozess zur Erreichung dieses Ziels im Auge haben. Dies kann ein langer und schwieriger Kampf sein und wir können diesen Kampf nur kämpfen, wenn wir es im Geist der Liebe tun, die «alles erträgt, alles glaubt, alles hofft, alles duldet» (1. Kor 13,7). In diesem Prozess verlieren wir nicht die Hoffnung und konzentrieren uns in unserer Arbeit gleichzeitig auf das versöhnende und heilende Wirken des Heiligen Geistes in der ganzen Schöpfung.

4. Die versöhnende Mission der Kirche

61. Der Heilige Geist verwandelt die Kirche und gibt ihr die Kraft, missionarisch zu sein: «Der Heilige Geist gestaltet Christen um zu lebendigen, mutigen und kühnen Zeugen (vgl. Apg 1,8).»[12] Daher ist Mission für die Kirche nicht eine Option, sondern ein Imperativ: «Mission steht ihm Mittelpunkt des christlichen Glaubens und der christlichen Theologie. Sie ist keine Option, sondern ein existentieller Ruf und eine existentielle Berufung. Mission gehört zum eigentlichen Wesen der Kirche und aller Christen und bedingt dieses.» Die Kirche ist von ihrem Wesen her dazu berufen,

an Gottes Mission teilzunehmen: «Die Teilnahme an der Mission Gottes ... durch Christus im Heiligen Geist ... sollte deshalb für alle Christen und alle Kirchen ... etwas ganz Natürliches sein»[13] (vgl. 1. Petr 2,2-12, wo vom priesterlichen Dienst der Gemeinde die Rede ist).

62. Die Mission, die die Kirche in der Kraft des Heiligen Geistes hat, besteht darin, in einem Kontext der Zerbrochenheit versöhnende und heilende Arbeit zu leisten. Versöhnung stellt einen wichtigen Schwerpunkt und ein wichtiges Merkmal der Mission Gottes dar und hat damit Auswirkungen auf die Mission der Kirche: «So ist das Ziel der Mission, eine versöhnte Menschheit und erneuerte Schöpfung'. ... Die Kirche ist in die Welt gesandt, um Menschen und Nationen zur Busse zu rufen, Vergebung der Sünden und einen Neuanfang in den Beziehungen mit Gott und den Nächsten durch Jesus Christus zu verkünden.»[14] Wir warten auf die volle Versöhnung am Ende der Zeit, wenn Gott der Welt seinen Frieden, Shalom, schenken wird, wenn er harmonische und gerechte Beziehungen herstellen bzw. wiederherstellen wird. Dabei handelt es sich um einen ganzheitlichen Prozess, der von Gott eingeleitet worden ist und die ganze Schöpfung, Menschheit und Natur, umfasst. Wir und die ganze Schöpfung ringen darum, von der Knechtschaft der Vergänglichkeit frei zu werden, und dabei «hilft ... der Geist unserer Schwachheit auf ... und vertritt uns mit unaussprechlichem Seufzen» (Röm 8,22-26). Angesichts der zerbrochenen Beziehungen in der heutigen Welt besteht die besondere Herausforderung für die Kirchen darin, die Gabe der Versöhnung Gottes in ihrem Leben und Dienst tiefer zu erfassen und sie der ganzen geschaffenen Ordnung zu bringen.

Versöhnung im Kontext der Zerbrochenheit

63. An erster Stelle steht die zerbrochene Beziehung zwischen Gott und Menschheit. Das Evangelium der Versöhnung ruft uns dazu auf, uns Gott zuzuwenden, zu Gott umzukehren und unseren Glauben an den Einen zu erneuern, der uns unaufhörlich zur Gemeinschaft mit Gott, miteinander und mit der ganzen Schöpfung einlädt. Wir freuen uns zutiefst, dass diese Versöhnung durch unseren Heiland Jesus Christus möglich geworden ist: «Wir rühmen uns auch Gottes durch unseren Herrn Jesus Christus, durch den wir jetzt

die Versöhnung empfangen haben» (Röm 5,11). Unsere Mission ist es, diese Versöhnung der ganzen Welt zu bringen und unsere Kraft in den Dienst des Geistes Gottes in der Schöpfung zu stellen.

64. Der Hauptgrund für die Zerbrochenheit der heutigen Welt liegt in der Verzerrung und Zerstörung der ganzheitlichen Beziehung, die in der göttlichen Ordnung zwischen der Menschheit und der übrigen Schöpfung bestand. Die Aufteilung der Schöpfung in Mensch und Natur, die den Menschen in den Mittelpunkt stellt, hat bei einem Teil der Menschheit zu der Tendenz geführt, die Natur zu erobern und zu zerstören. Ein Grossteil der ökologischen Krise, mit der wir heute konfrontiert sind, kann auf die mangelnde Achtung vor dem Leben und der Ganzheit der Schöpfung zurückgeführt werden. Was Christen anstreben, ist die Heilung der Umwelt – die Versöhnung der Umwelt: die Versöhnung von «allem..., es sei auf Erden oder im Himmel» (Kol 1,20). Im Glaubensbekenntnis von Nizäa-Konstantinopel bekennen wir, dass der Heilige Geist der Herr ist und lebendig macht. Mission im Geist verbürgt eine neue Perspektive – eine Mission, in deren Mittelpunkt das Leben steht, die die Erde gedeihen lässt und menschliche Gemeinschaften stärkt. Dieses Modell kosmischer Versöhnung und Heilung stellt eine machtvolle Grundlage für die Versöhnung der Menschheit dar.

65. Zerbrochenheit ist auch im Bereich zwischenmenschlicher Beziehungen spürbar. Das Bild Gottes wird verzerrt, wo Entfremdung und Feindschaft herrschen. Diese entstehen häufig im Zusammenhang mit Machtstrukturen, die überall in der Welt konkreten Ausdruck in vielfältigen Formen der Diskriminierung von Menschen aufgrund ihrer Zugehörigkeit zu einer bestimmten Kaste, Rasse, Religion oder einem bestimmten Geschlecht, ihrer sexuellen Neigung und ihres sozioökonomischen Status finden. Angesichts dessen setzt sich eine Mission, die Versöhnung und Heilung anstrebt, dafür ein, diese Grenzen zu überwinden und zu transzendieren und so das Bewusstsein vom Bild Gottes im Menschen wiederherzustellen. Konkret gesprochen bedeutet dies, dass es die Mission der Kirchen ist, gemeinsam daran zu arbeiten, Trennmauern – sowohl jene innerhalb als auch ausserhalb der Kirche – abzubauen. Es bedeutet, dass die Kirchen sich an den ökumenischen Bemühungen um Versöhnung innerhalb und unter den

Kirchen und an dem Engagement der Menschen für den Wiederaufbau der Gesellschaft auf der Grundlage von Gerechtigkeit und Menschenrechten beteiligen und einen Raum für Dialog und Austausch über Fragen schaffen müssen, die Gesellschaft oder Kirchen nach wie vor zutiefst spalten. Der Leib Christi ist mit verschiedenen geistlichen Gaben ausgestattet (1. Kor 12,8-10; siehe auch Röm 12,6-8). Wenn diese im Geist der Liebe eingesetzt werden (1. Kor 13,1-3; Röm 12,9-10), so bauen sie die Gemeinschaft auf und bringen deren versöhnte Einheit in Verschiedenheit zum Ausdruck.

66. In einem Kontext, in dem es Opfer und Verursacher von Ungerechtigkeit und Ausbeutung gibt, kommt der Kirche eine besondere missionarische Rolle zu, nämlich die, eine Brücke zwischen Armen und Reichen, Frauen und Männern, Schwarzen und Weissen usw. zu schlagen. Der Heilige Geist ist als der «Mittler-Gott»[15] beschrieben worden, weil er die Aufgabe hat, Gemeinschaft zu schaffen und zu bewahren (Eph 2,18; 4,3). Die Position des «Mittlers», der «dazwischen» steht, darf nicht als wertneutrale Position verstanden werden; vielmehr handelt es sich hierbei um eine ziemlich riskante Position, die grossen persönlichen Einsatz verlangt. Zwar ergreift die Kirche Partei für die Opfer, aber ihre Mission ist es auch, die Herausforderungen des Evangeliums an die Täter heranzutragen. Mission, die in dieser Weise vermittelnd «dazwischen steht», ist eine Mission, die den Machtlosen Kraft gibt, indem sie sich an ihre Seite stellt, und die gleichzeitig auch die Verursacher von Verletzungen auffordert, Busse zu tun. Auf diese Weise wird sie zu einer Mission, die beiden Seiten ein neues Leben ermöglicht.

67. Zerbrochenheit ist leider auch ein Merkmal der heutigen Kirche. Die Spaltungen unter den Kirchen, seien es lehrmässige oder nicht-theologische, stellen eine Herausforderung für die Mission der Versöhnung und der Heilung dar. Eine geteilte Kirche ist eine Perversion des Leibes Christi (1. Kor 1,13) und betrübt den Heiligen Geist (Eph 4,25-32). Wenn es den Kirchen nicht gelingt, sich miteinander zu versöhnen, so missachten sie den Ruf des Evangeliums und können kein glaubwürdiges Zeugnis ablegen. «Die Kirche, die in eine Welt gesandt ist, welche angesichts des Konkurrenzdenkens und der Spaltungen in der menschlichen

Gemeinschaft der Einheit und stärkerer Interdependenz bedarf, ist berufen, Zeichen und Werkzeug von Gottes versöhnender Liebe zu sein… Unsere Spaltungen machen unser Zeugnis unglaubwürdig und widersprechen unserem Zeugnis von der Versöhnung in Christus.»[16] Kirchen und christliche Bewegungen haben im letzten Jahrhundert eine deutliche Tendenz zu Spaltungen in und wegen der Missionsarbeit gezeigt. Wettbewerb und Konflikte in der Mission, in der Entwicklungs- oder zwischenkirchlichen Hilfe sowie Proselytismus haben sich als ernsthaftes Gegenzeugnis zu Christi Versöhnungswerk erwiesen. Christen und Kirchen sind aufgerufen, Versöhnungsprozesse untereinander in Gang zu setzen oder zu stärken. In den letzten Jahren hat es Zeichen einer gewissen theologischen Konvergenz zwischen opponierenden Missionsbewegungen gegeben. Und die Kirchen selbst haben bedeutsame Fortschritte auf dem Weg zur gegenseitigen Anerkennung von Taufe, Eucharistie und Amt und auch zu einem gemeinsamen Zeugnis gemacht. Wir hoffen, dass dies zur Erneuerung der Beziehungen führen wird. Die Verkündigung des Evangeliums der Versöhnung ist dann glaubwürdig, wenn die Kirche eine versöhnte und heilende Gemeinschaft ist.

68. Wenn Ziel und Prozess der Mission Versöhnung sein sollen, dann ist es unabdingbar, dass die Kirche sich mit ihrer Vergangenheit auseinandersetzt und einen Prozess der Introspektion und Selbstprüfung im Blick auf ihre Mission in der Welt durchläuft. Jede glaubwürdige Mission der Kirche muss mit dem Eingeständnis beginnen, dass nicht all ihre Missionsarbeit Abbild der Mission war und ist, die Gott will und die er selbst ausführt *(missio Dei)*. Wenn wir erklären, dass wir Gott lieben, aber gleichzeitig unseren Bruder oder unsere Schwester hassen, dann sind wir Lügner (1. Joh 4,20). Dort, wo christliche Missionsarbeit sich zur Komplizin imperialistischer Politik und der damit einhergehenden gewaltsamen Zerstörung indigener Kulturen, Zersplitterung von Gemeinschaften und sogar Spaltungen unter Christen gemacht hat – und weiterhin macht –, ist Busse *(metanoia)* notwendig. Busse setzt das Bekenntnis zur Sünde der gewaltsamen Kolonialisierung im Namen des Evangeliums voraus. Das ist wichtig für die «Heilung der Erinnerungen», die integraler Bestandteil

130 Erklärungen zur christlichen Mission

der Mission der Versöhnung und Heilung ist. Die Kirche muss Sorge tragen, dass sie die Wunden der Vergangenheit heilt (vgl. Jer 6,14f).

69. Während wir diese Sünden bekennen, erkennen wir auch an, dass es sehr viel authentische christliche Missionsarbeit im Geist des Friedens und der Versöhnung gegeben hat und gibt. Solche Missionsarbeit schafft Frieden mit Gott und heilt Leben, sie führt zur Wiederherstellung von Gemeinschaften und sozioökonomischen Befreiung marginalisierter Völker.

Spiritualität der Versöhnung

70. Die Mission der Versöhnung und Heilung bedarf einer entsprechenden Spiritualität: einer Spiritualität, die heilt, verwandelt, befreit und Beziehungen aufbaut, die auf gegenseitiger Achtung beruhen. Eine wahre Spiritualität der Versöhnung und Heilung spiegelt die Interaktion von Glaube und Praxis wider, die christliches Zeugnis (martyria) ausmacht. Christliches Zeugnis setzt eine Spiritualität der Selbstprüfung und des Sündenbekenntnisses *(metanoia)* voraus, die zur Verkündigung *(kerygma)* des Evangeliums der Versöhnung, zum Dienst *(diakonia)* der Liebe, zum Gottesdienst *(leiturgia)* in Wahrheit und zur Lehre der Gerechtigkeit führt. Die Ausübung dieser geistlichen Gaben schafft versöhnte Gemeinschaften *(koinonia)*.[17]

71. Die Spiritualität der Versöhnung ist eine Spiritualität der Demut und Selbstentäusserung (kenosis; Phil 2,7) und stellt gleichzeitig eine Erfahrung der heiligenden und verwandelnden Kraft des Heiligen Geistes dar. In seinen unablässigen Bemühungen um eine Versöhnung der Juden und Heiden sowie anderer Gruppen erklärte der Apostel Paulus, dass Gottes Kraft in den Schwachen mächtig wird (2. Kor 12,9; 1. Kor 2,3-5). Die Spiritualität der Versöhnung ist eine Spiritualität des Leidens Jesu, der Auferstehung wie auch des Pfingstereignisses. Im globalen Kontext der Rückkehr des Imperialismus – insbesondere in Form der Hegemonie der Globalisierung – stellt diese sich selbst entäussernde Spiritualität eine Herausforderung sowohl für die Opfer als auch für die Urheber systemischer Gewalt und Ungerechtigkeit dar. Der Schatz, den wir haben, ist «in irdenen Gefässen, damit die überschwängliche Kraft von Gott sei und nicht von uns» (2. Kor 4,7). Die Mission der

Kirche besteht in diesem Kontext einmal mehr darin, sich «dazwischen» zu stellen, zwischen Machthaber und Machtlose zu treten – die Machtlosen zu stärken und die Mächtigen mit der Herausforderung zu konfrontieren, sich ihrer Macht und Privilegien zugunsten der Entmachteten zu entäussern. Die Spiritualität der Versöhnung stellt auch die Machtstrukturen lokaler Gemeinschaften, einschliesslich der Kirchen, in Frage, insbesondere dort, wo traditionelle Mehrheits- oder Volkskirchen ihre Vormachtstellung ausnutzen.

72. Eine sich selbst entäussernde Spiritualität ist auch eine Spiritualität des Kreuzes. Die Kirche ist aufgerufen, das Kreuz Jesu Christi zu tragen, indem sie sich an die Seite der Leidenden stellt.[18] Eine Spiritualität des gewaltlosen Widerstands ist in einem Zeitalter fortwährender Ausbeutung der Armen und Ausgegrenzten integraler Bestandteil von Versöhnung und Heilung. In Situationen der Unterdrückung, Diskriminierung und Demütigung stellt das Kreuz Christi die Gotteskraft (1. Kor 1,18) dar, die Erlösung bringt.

73. Die Sakramente und das liturgische Leben der Kirche sollten die Mission der Versöhnung und Heilung zum Ausdruck bringen. Die Taufe stellt einen Akt der Teilhabe an Tod und Auferstehung Jesu Christi dar. Sie steht symbolhaft für die Spiritualität des Kreuzes, die sowohl Selbstverleugnung bis zum Tod (Mk 8,34 und parallele Stellen) als auch Auferstehung zum Leben (Joh 3,14 usw.) beinhaltet. Die Eucharistie ist ein sakramentaler Akt der Heilung, ein Akt der Erinnerung und ein Nachvollzug des Brechens des Leibes Christi für die Versöhnung der Welt. Das Brot Gottes, das vom Himmel kommt, gibt der Welt das Leben (Joh 6,33). Die Austeilung von Brot und Wein unter allen fordert zur Umverteilung des Reichtums und zur Gleichheit aller im Reich Gottes auf, die Jesus Christus verkündet hat. Im Gebet legt die Kirche bei Gott Fürbitte für die Welt ein; sie fungiert als vermittelnde «Zwischeninstanz», im festen Vertrauen darauf, dass Gott Versöhnung und Heilung bringen wird. Indem sie das Wort predigt, bringt sie den Unterdrückten Trost, verkündet sie Wahrheit und Gerechtigkeit und ruft zu Busse und Vergebung auf. Der Gottesdienst der Kirche stellt selbst ein Zeugnis von der Versöhnung in Christus dar, das die Kirche der Welt gibt, und die Kirche lebt dieses eucharistische Zeugnis in der Kraft des Geistes im täglichen Leben.

74. Über spirituelle Ressourcen, die Versöhnung und Heilung bringen, verfügen nicht nur die Traditionen des christlichen Glaubens. Dies stellt uns vor die Herausforderung, die interreligiösen Dimensionen der Mission ernst zu nehmen, denn Versöhnung und Heilung im ganzheitlichen Sinne können nicht ohne interreligiöse und interkulturelle Versöhnung erreicht werden. Eine Möglichkeit, wie dies geschehen kann, besteht darin, die spirituellen Ressourcen anderer Religionen und Kulturen zu würdigen und daraus zu lernen. Andere Traditionen und Erfahrungen der Heilung und Versöhnung, einschliesslich derer von indigenen Gemeinschaften, sind wertvoll und kostbar.

75. Die jüngste ökumenische Erklärung zum Dialog erinnert uns daran, dass «der interreligiöse Dialog seinem Wesen nach kein Instrument zur Problemlösung in akuten Krisensituationen ist».[19] Allerdings können Beziehungen, die durch geduldigen Dialog in Friedenszeiten aufgebaut worden sind, in Zeiten des Konflikts verhindern, dass die Religion als Waffe benutzt wird, und in vielen Fällen den Weg für Schlichtung und Versöhnungsinitiativen ebnen. Dialog setzt gegenseitige Anerkennung voraus, bedeutet Bereitschaft zur Versöhnung und Sehnsucht nach einem gemeinsamen Leben. Ein Dialogprozess kann Vertrauen aufbauen und den Beteiligten Raum für gegenseitiges Zeugnis geben und so zu einem Instrument der Heilung werden. Aber trotz der grossen Bedeutung des Dialogs müssen Fragen der Wahrheit, der Erinnerung, der Busse, der Gerechtigkeit, der Vergebung und der Liebe unter Umständen erst geklärt werden, bevor Dialog überhaupt möglich ist. Die «Zwischenposition» der missionarischen Arbeit bringt es mit sich, dass wir in einigen Situationen aufgerufen sind, mit der prophetischen Autorität des Evangeliums religiöse Praktiken und Überzeugungen zu kritisieren, die Ungerechtigkeit fördern, und zur Busse aufzurufen.

76. Der Dienst des Heiligen Geistes – an dem die Kirche das Privileg hat teilzuhaben – besteht darin, eine zerbrochene Welt zu heilen und zu versöhnen. Um diese Mission glaubwürdig zu erfüllen, muss die Kirche eine Gemeinschaft sein, die in ihrem eigenen Leben Heilung und Versöhnung in Christus erfährt. Die Spiritualität der Versöhnung entäussert sich selbst und nimmt das Kreuz auf sich, damit die erlösende Kraft Gottes manifest wird. Der Heilige

Geist stattet die Kirche mit Gaben und Ressourcen für diese Mission aus und die Christen sind im Geist des Dialogs offen dafür, die Ressourcen, die Menschen anderer Religionen in diese Mission einbringen, zu würdigen. Zur Mission der Kirche gehört es, dass sie zwischen die einander entfremdeten oder in Konflikt miteinander stehenden Parteien geht. Das bedeutet, dass sie sie in ihren Auseinandersetzungen begleitet und gleichzeitig die Mächte der Welt, die Ungerechtigkeit und Gewalt bringen, zur Versöhnung herausfordert. Ziel ist es, versöhnte und heilende Gemeinschaften aufzubauen, die in ihrem Engagement und praktischen Dienst ebenfalls missionarisch ausgerichtet sind.

5. Für die Versöhnung zurüsten: Pädagogik, Pastoral und Vision

77. In unserer Mission der Versöhnung werden wir von der Vision des Evangeliums vom Frieden auf Erden (Lk 2,14) inspiriert. Indem unser Herr Jesus Christus uns das Reich Gottes in Wort und Tat gepredigt hat, hat er uns vor Augen geführt, wie dieses Reich Gottes aussieht. Es ist das Reich der Wahrheit und Gerechtigkeit, der Busse und Vergebung, in dem die Ersten die Letzten sind und die Mächtigen die Diener aller. In den Episteln haben die Apostel die Gemeinden gelehrt, Gemeinschaften der Versöhnung zu sein. Diese bringen die Frucht des Geistes hervor: Liebe, Freude, Friede, Geduld, Freundlichkeit, Güte, Treue, Sanftmut und Keuschheit (Gal 5,22-23). Die Gemeindeglieder werden aufgerufen, sich gegenseitig in Liebe anzunehmen, in Frieden miteinander zu leben, die zu segnen, die sie verfolgen, und die Rache Gott zu überlassen (Röm 12,9-21).

78. Viele haben jedoch Frieden verkündet, wo es keinen Frieden gibt, und haben die tiefen Wunden, die durch zerbrochene Beziehungen und Ungerechtigkeit entstanden sind, nur oberflächlich geheilt (Jer 6,14). Jeder pädagogische und pastorale Missionsansatz muss von der Erkenntnis ausgehen, dass der Dienst der Heilung und Versöhnung ein tief greifender und häufig langwieriger Prozess ist, der daher langfristige Strategien erfordert (Röm 8,25). Sobald die Kirche zu der Überzeugung gelangt ist, dass ihre Mission Gottes Mission und nicht ein von ihr initiierter

überhasteter Aktivismus ist, wird die Mission der Kirche sich am langfristigen Ziel der Schaffung von Gemeinschaften der Versöhnung und Heilung ausrichten. Die Erfüllung unserer Hoffnung erfordert Geduld, seelsorgerliche Sensibilität und eine angemessene pädagogische Methode.

79. Von zentraler Bedeutung für diesen pädagogischen Prozess ist es, ein Bewusstsein dafür zu schaffen, was Menschsein bedeutet. Menschen sind von ihrem Wesen her auf Beziehung angelegt, sind im Netzwerk des Lebens miteinander verbunden und aktiv. Für unser Überleben hängen wir voneinander ab und deshalb müssen wir in vertrauensvollen und gerechten Beziehungen miteinander leben und Gemeinschaften der Versöhnung und Heilung aufbauen. Aus christlicher anthropologischer Sicht sind die Menschen Wesen, die von Gott Vergebung erfahren haben. Vergebung als theologische Kategorie hat ethische Implikationen. Der Dienst der Versöhnung und Heilung, der durch Vergebung möglich wird, setzt Wahrheit und Gerechtigkeit voraus. Mit anderen Worten: durch die Pädagogik der Gerechtigkeit wird Vergebung zu einem radikalen Konzept. Vergebung, die Gerechtigkeit untergräbt, ist keine christliche Vergebung. Teure Nachfolge, die integraler Bestandteil des Dienstes der Heilung und Versöhnung ist, muss sich an der Forderung nach Gerechtigkeit orientieren.

80. Die pastorale Dimension der christlichen Mission kommt im Mitleiden mit den Zerbrochenen und im Eintreten für das Leben in seiner ganzen Fülle zum Audruck. Eine der wichtigsten Quellen, aus denen wir für diesen Dienst lernen können, stellt der ungeheure Reichtum der alltäglichen Lebenserfahrungen der Menschen dar, insbesondere der Armen und Schwachen. Die Teilhabe der Kirche an den Lebenserfahrungen der Menschen, an ihrem Einsatz für das Leben, wenn immer es ihnen vorenthalten wird, ist vielleicht der beste Lernprozess. Durch diese Pädagogik der gemeinsamen Erinnerungen wird die Kirche in die Lage versetzt, ihre Mission wirksam zu erfüllen.

81. Wenn der Schwerpunkt in diesem Dokument auch auf gesellschaftliche Versöhnungsprozesse gelegt wird, so können daraus doch auch Einsichten für die Erneuerung und Stärkung des seelsorgerlichen Umgangs mit persönlichen Konflikten in der Familie, am Arbeitsplatz und in der Kirche gewonnen werden.

Auch bei der Versöhnung einzelner Menschen geht es um Fragen der Wahrheit, der Heilung von Erinnerungen, der Busse, der Gerechtigkeit, der Vergebung und Liebe. Pfarrer/innen, Priester und auch Gemeindeglieder haben die überaus wichtige und schwierige Aufgabe, Wege zu finden, wie sie Menschen begleiten können, die durch harte Lebensumstände oder zwischenmenschliche Konflikte tief verwundet sind, wie sie ihnen einen geschützten Raum anbieten können, in dem sie ihre Verletzlichkeit, ihren Zorn, ihre Hilflosigkeit, ihr Leid und ihre Sehnsucht zum Ausdruck bringen können. Christi Aufruf zur Versöhnung kann auch im persönlichen Bereich einen langen inneren Prozess auslösen, der sowohl Zeit als auch die Fähigkeit voraussetzt, mit Erfolgen und Misserfolgen, Momenten der Hoffnung und der Verzweiflung fertig zu werden, und der unseren Glauben auf die Probe stellt. Nicht alle Kirchen haben die Tradition des Sakraments der Beichte und der Versöhnung bewahrt, aber alle werden ermutigt, einen Weg zu finden, wie sie ihren seelsorgerlichen Dienst im Sinne des in diesem Dokument beschriebenen Missionsverständnisses erfüllen können.

82. Dieser seelsorgerliche heilende Dienst muss in ein Gemeindeleben eingebettet sein, das den Menschen ein Zuhause und einen Raum der Geborgenheit bietet, in dem sie offen über ihre Freuden und Leiden sprechen können, in dem diejenigen, die sich verletzlich fühlen, genügend Sicherheit finden, um über Belastendes zu reden, in dem Angst und Verurteilung durch Liebe überwunden werden. Solche Gemeinden, die durch die Feier der Eucharistie gestärkt werden, werden per se zu missionarischen Gemeinden, weil sie das Evangelium, das sie predigen, auch selbst leben und erfahren. Dass solchen Gemeinden in der Gesellschaft eine wichtige Rolle zukommt und dass sie auch diejenigen willkommen heissen müssen, die ihnen nicht fest angehören, hat Paulus in Röm 12 mit eindringlichen Worten beschrieben. Dieses Kapitel erinnert uns auch daran, dass der versöhnende und heilende Dienst Verfolgung nach sich ziehen kann. Seit Christus sind viele Missionare/innen und missionarische Gemeinden Opfer von Gewalt und Diskriminierung geworden. Aber selbst in solchen Fällen stellt das Gebot der Liebe das überragende Merkmal des christlichen Zeugnisses von Gottes Versöhnung dar.

83. Die Zurüstung für die Mission in einem Paradigma der Versöhnung hat wichtige Konsequenzen für die gegenwärtigen

Modelle der theologischen und missionarischen Ausbildung. Wenn die Kirche von einer Pädagogik der Gerechtigkeit und einer auf Barmherzigkeit basierenden Pastoraltheologie durchdrungen werden soll, so bringt dies Herausforderungen sowohl für die Lehrinhalte als auch für die Lehrmethoden mit sich. Als Christen, die sich in den Dienst der Versöhnung stellen, werden wir auch weiterhin Kenntnisse in anderen Sprachen, Kulturen und religiösen Traditionen benötigen, die uns helfen, uns mit den Erfahrungen anderer vertraut zu machen und ihnen zu dienen. Genauso wichtig ist jedoch, dass wir über eine Theologie und Spiritualität der Versöhnung verfügen. Wir sollten gemeinsam theologisch untersuchen, wie Gott Versöhnung in der Welt herbeiführt und welchen Anteil Christen daran haben. Die Kirche muss lernen und lehren, wie die Dynamik und die Prozesse der Versöhnung ablaufen und welche Bedeutung die verschiedenen Dimensionen des Dienstes der Versöhnung haben: die Wahrheit offen legen, Erinnerungen heilen, Gerechtigkeit herstellen, Vergebung empfangen und anderen vergeben. Wenn die Kirche die gegenwärtige Kultur der Gewalt überwinden und den Mythos erlösender Gewalt widerlegen will, muss sie in ihrem Leben und Zeugnis zeigen, dass Gerechtigkeit und Erlösung durch gewaltlosen Widerstand verwirklicht werden. Das setzt eine Spiritualität der Versöhnung voraus, die sich um der Gerechtigkeit willen selbst entäussert und das Kreuz auf sich nimmt. Wir tragen auch die Verantwortung dafür, die geistlichen Gaben zu nutzen und weiterzuentwickeln, die, wenn sie im Geist der Liebe eingesetzt werden, Gemeinschaft aufbauen und Uneinigkeit und Feindschaft überwinden (1. Kor 12,8-10; 13,1-3; siehe auch Röm 12,6-10).

84. Das Thema der Konferenz für Weltmission und Evangelisation 2005 «Komm, Heiliger Geist, heile und versöhne» lenkt unsere Aufmerksamkeit auf die Mission des Geistes. Nach dem Johannesevangelium ist der Heilige Geist, der vom Vater ausgeht, der *parakletos*, der uns in unserer Zerbrochenheit begleitet. Der Geist, der Fürsprecher, ist in einer «Zwischenposition», er steht als Mittler zwischen dem Vater, dem Sohn und der ganzen Schöpfung. Der *parakletos* ist der Geist der Wahrheit, der uns in alle Wahrheit führt und die Lehre Jesu für uns auslegt. Der Heilige Geist vereint uns mit Gott, dem Vater und dem Sohn, und lässt uns

Teil der *missio Dei* werden, die der Welt das Leben bringt. Der Geist lehrt uns, in Christus zu bleiben und einander zu lieben, um so Zeugnis von der Liebe Christi zu geben. Inmitten von Feindschaft tröstet der Geist uns und gibt uns Mut, die Stimme zu erheben und das Wort Gottes zu verkünden. Der *parakletos* tröstet die Leidenden und führt der Welt Sünde, Gerechtigkeit und Gottes Gericht vor Augen. Der Geist, der unser Ratgeber ist, ist der Geist des Friedens in einer Welt voller Gewalt (Joh 14,15-16,15).

85. Der *parakletos* ist das Modell und das Werkzeug des Versöhnungsdienstes der Kirche. Der Heilige Geist heilt und versöhnt, indem er bei uns ist und uns inspiriert, erleuchtet und stärkt. Im Geist empfangen wir die Kraft zu sagen, was wahr ist, wie auch zu unterscheiden, was falsch und schlecht ist. Der Geist verbindet uns miteinander und im Geist erfahren wir wahre Gemeinschaft (2. Kor 13,13). Obwohl wir und die ganze Schöpfung eine kleine Weile weinen und klagen wie eine Frau, die gebiert, so ist der Geist doch unsere Hebamme und wir glauben, dass unsere Traurigkeit sich, sobald die Mission erfüllt ist, in Freude über das neue versöhnte Leben verwandeln wird (Joh 16,20-22; Röm 8,18-25).

Die endzeitliche Vision

86. Ganz am Ende der Bibel, im Buch der Offenbarung, beschreibt der Heilige Johannes seine Vision vom neuen Himmel und der neuen Erde, der neuen Schöpfung, die das Ergebnis des göttlichen Werkes der Versöhnung in Christus ist (Offb 21,1 und 5; vgl. 2. Kor 5,17-18). Das neue Jerusalem ist die versöhnte Stadt, in der Gott mit seinem Volk wohnt. In dieser Stadt gibt es kein Leid, kein Geschrei, keinen Schmerz mehr, denn es ist Gerechtigkeit geschehen; es herrscht auch keine Finsternis mehr, denn alles wird vom Licht der Herrlichkeit Gottes erleuchtet. Durch die Mitte der Stadt fliesst der Strom lebendigen Wassers zur Heilung der Völker (Offb 21,2-22,5). In der Weltmission können wir daher von der «zukünftigen oikoumene» (Hebr 2,5; vgl.13,14ff) als einer offenen Gesellschaft sprechen, in der ein aufrichtiger Dialog zwischen den heutigen Kulturen stattfinden kann. Die Welt von heute kann und muss ein Haushalt *(oíkos)* werden, in dem jeder für die «anderen» offen ist (so wie diese für den höchsten Anderen, Gott, offen sind) und in dem alle trotz der Vielfalt ihrer unterschiedlichen Identitäten

am gemeinsamen Leben teilhaben können. Versöhnung als neues Missionsparadigma führt zu einem neuen Verständnis des Begriffs oikoumene und der von ihm abgeleiteten Begriffe (Ökumene etc.). Diese Begriffe bezeichnen nicht mehr nur eine abstrakte Universalität, wie die ganze bewohnte Erde oder die ganze menschliche Rasse oder sogar eine vereinte universale Kirche. Mit anderen Worten: sie beschreiben nicht mehr eine gegebene Situation, sondern wahrhafte – und zugleich bedrohte – Beziehungen zwischen Kirchen, zwischen Kulturen, zwischen Menschen und menschlichen Gesellschaften und gleichzeitig zwischen der Menschheit und der übrigen Schöpfung Gottes.

6. Fragen zur weiteren Untersuchung und Diskussion

87. Der vorliegende Versuch, eine Missionstheologie der Versöhnung zu entfalten, wirft eine Reihe von Fragen auf, die noch weiter und ausführlicher untersucht werden müssen. Dazu gehören:

- Welche praktischen Implikationen hat der Aufruf zu wirtschaftlicher Versöhnung?
- Welche Prozesse können im gegenwärtigen Kontext muslimisch-christliche Versöhnung herbeiführen?
- Welchen Beitrag leistet die Pfingst- und charismatische Bewegung mit ihrer theologischen Reflexion und ihren Erfahrungen zur Missionstheologie der Versöhnung?
- In welcher Weise kann die Theologie des Heiligen Geistes (Pneumatologie) weiter zur Praxis und Theologie der Versöhnung beitragen?
- Inwieweit verwandelt eine Neubesinnung auf die Pneumatologie die Beziehung der Menschheit mit der Schöpfung?
- Welche Veränderungen bringt Mission als Versöhnung für bestehende Missionsparadigmen mit sich? Was bedeutet es insbesondere für das Verständnis von Bekehrung?
- Wie kann denjenigen, die aggressive Missionsmethoden einsetzen, die Bedeutung des Geistes der Versöhnung in der Missionsarbeit klar gemacht werden?
- Wie können wir angemessene Mittel und Möglichkeiten entwickeln und bereitstellen, um Ortskirchen zuzurüsten,

damit sie versöhnende und heilende Gemeinschaften werden können?
- Wie können die Kirchen diejenigen unterstützen, die in besonderer Weise zum Dienst der Versöhnung berufen sind und besondere Gaben für diesen Dienst empfangen haben?

ANMERKUNGEN

1 *Mission und Evangelisation: Eine ökumenische Erklärung.* ÖRK, Genf 1982. Angenommen vom Zentralausschuss des ÖRK.
2 *Mission und Evangelisation in Einheit heute. Vorbereitungspapier Nr. 1 für die CWME-Konferenz.* Angenommen als Studiendokument von der CWME-Kommission auf ihrer Tagung im Jahr 2000.
3 Während der Konferenz in Salvador fand eine besonders bedeutsame und bewegende Feier am Anleger Solar do Unhão statt, wo Schiffe aus Afrika ankamen, die mit afrikanischen Sklaven beladen waren. Sowohl europäisch- als auch afrikanischstämmige Teilnehmende brachten Reue über die Beteiligung an der Sünde der Sklaverei zum Ausdruck und baten um Vergebung. Vgl. Jean S. Stromberg, «From Each Culture, with One Voice. Worship at Salvador» in: Christopher Duraisingh (Hrsg.), *Called to One Hope. The Gospel in Diverse Cultures.* ÖRK, Genf 1998, S. 166-176.
4 Klaus Schäfer (Hrsg.), *Zu einer Hoffnung berufen. Das Evangelium in verschiedenen Kulturen*, Verlag Otto Lembeck, Frankfurt am Main 1999, S. 120 und 121. Akte der Verpflichtung der Konferenz für Weltmission und Evangelisation in Salvador da Bahía 1996.
5 *Mission und Evangelisation in Einheit heute*, op. cit., § 39.
6 *Ibid.*, § 13
7 ÖRK-Einheit II, *Kirchen in Mission: Gesundheit, Bildung, Zeugnis: Vorbereitungsmaterial für die Sektionsarbeit, Konferenz für Weltmission und Evangelisation, Salvador da Bahía.* Genf, ÖRK, 1996. Mission und Evangelisation in Einheit heute, op. cit., § 62
8 Wie in Südafrika.
9 Wie in Guatemala.
10 Wie die brutale Ermordung von Bischof Gerardi in Guatemala kurz nach seiner Verkündigung der Ergebnisse eines solchen Berichts in erschreckender Weise deutlich gemacht hat.
11 Wie die «Mütter der Plaza de Mayo» in Argentinien.
12 *Mission und Evangelisation in Einheit heute*, op. cit. § 13.
13 *Ibid.*, §§ 9 und 13.

140 Erklärungen zur christlichen Mission

14 *Ibid.*, §14.
15 Vgl. John V. Taylor, *The Go-Between God: the Holy Spirit and Christian Mission*, SCM, London 1972.
16 «Die Herausforderung des Proselytismus und die Berufung zu gemeinsamem Zeugnis», Anhang C des Siebten Berichts der Gemeinsamen Arbeitsgruppe der römisch-katholischen Kirche und des Ökumenischen Rates der Kirchen, ÖRK-Verlagsbüro, Genf 1998, S. 64, §§ 8 und 9.
17 *Mission und Evangelisation in Einheit heute*, op. cit., § 7.
18 Ein Beispiel dafür ist das «Ökumenische Begleitprogramm in Palästina und Israel», das darauf abzielt, Palästinenser und Israelis bei ihren gewaltlosen Aktionen und ihrem gemeinsamen anwaltschaftlichen Engagement für ein Ende der Besetzung zu begleiten.
19 Siehe *Ökumenische Erwägungen zum Dialog und zu den Beziehungen mit Menschen anderer Religionen: 30 Jahre Dialog und überarbeitete Leitlinien*. ÖRK-Verlagsbüro, Genf, 2003, §28.

DER HEILUNGSAUFTRAG DER KIRCHE

Präsentation

Dieses Dokument wurde im Dezember 2004 auf einer Tagung in Genf von einer Gruppe von 12 Missionstheologen/innen, Ärzten/innen und Gesundheitsexperten/innen in Zusammenarbeit mit ÖRK-Stabsmitgliedern vorbereitet. Nach seiner Ausarbeitung wurde es im Januar 2005 auf der Webseite der Weltmissionskonferenz, die im Mai in Athen stattfinden wird, als Vorbereitungspapier Nr. 11 veröffentlicht. Im ersten Absatz wird die Zielsetzung des Papiers beschrieben und der Bezug zu früheren ÖRK-Dokumenten hergestellt. Die Kommission für Weltmission und Evangelisation stimmte dem Plan zu, ein solches Dokument zu veröffentlichen, und mehrere Kommissionsmitglieder gehörten dem Redaktionsausschuss an. Dieses Dokument ist jedoch vor seiner Veröffentlichung in diesem Buch weder der Kommission noch irgendeinem Leitungsgremium des ÖRK vorgelegt worden. Es sollte zusammen mit dem Papier über «Mission als Dienst der Versöhnung» gelesen werden, die beide einen wichtigen Beitrag zur Weltmissionskonferenz und zur Diskussion über das Konferenzthema «Komm, Heiliger Geist, heile und versöhne! In Christus berufen, heilende und versöhnende Gemeinschaften zu sein» darstellen.

Dieses Dokument stellt eine enge Verbindung zwischen den Erfahrungen und der Reflexion des ÖRK und seiner früheren Christlichen Gesundheitskommission (CMC) über ein ganzheitliches Verständnis des heilenden Dienstes und den jüngsten Entwicklungen in der ökumenischen Missionstheologie her. Es zeigt auf, wie fruchtbar es sein kann, den im Neuen Testament bestehenden engen Zusammenhang zwischen Heilung, Zeugnis und Kirche wiederherzustellen. Während in den 1960er Jahren, als die CMC gegründet wurde,[1] eine Verbindung zwischen Heilung und Mission gesehen wurde, wurde im ÖRK erst in den Jahren nach der Vollversammlung in Harare (1998) eine bewusste Zusammenführung der beiden Traditionen und Netzwerke befürwortet, die die Bildung eines neuen Stabteams nach sich zog, zur Formulierung des Themas der Weltmissionskonferenz in Athen führte und den Studienprozess in Gang setzte, der in diesem Papier dargestellt wird. Diese Entscheidungen können als wichtige Entwicklung in der ökumenischen Missionsgeschichte angesehen werden.

Einige Kapitel des Papiers sondieren neue Wege für die ökumenische Missionstheologie, insbesondere indem sie die Debatte über Heilung und kulturell bedingte Weltsichten,[2] einschließlich der Beziehung zwischen Heilung und dem Begriff der spirituellen Kräfte, eröffnen. Das Dokument hebt bewusst die Bedeutung des geistlichen Lebens der Ortsgemeinde hervor, das diese in ihrer Fähigkeit stärkt, eine heilende Gemeinschaft zu sein. Aus diesem Grunde stützen sich die Verfasser/innen des Papiers auf die alten liturgischen Traditionen der anglikanischen, orthodoxen und römisch-katholischen Kirche. Der heilende Dienst wird in den Rahmen eines trinitarischen Verständnisses der *missio Dei* gestellt und kontroverse Fragen werden angegangen, wie z.B. welche Beziehung zwischen Krankheit und Sünde besteht und wie man erkennen kann, was Heilung, die im Kontext anderer religiöser Traditionen erfahren wird, bedeutet. Das Papier geht nicht speziell auf Aspekte des heilenden Dienstes ein, die in den letzten Jahren in Erklärungen des ÖRK behandelt wurden, sondern konzentriert sich auf andere theologische und praktische Fragen, die als wichtige Herausforderungen und Chancen für Kirchen angesehen werden, die positiv auf die Sehnsucht nach Heilung in der heutigen Welt reagieren wollen. Es wird bewusst die Anstrengung unternommen, den beginnenden Dialog mit Christen fortzusetzen, die aus der charismatischen und der Pfingstbewegung kommen. Die Verfasser/innen des Dokuments waren der Überzeugung, dass es für viele Christen und Kirchen eine Bereicherung darstellen kann, wenn sie ihre Vorstellungen von der Vielfalt der Wege miteinander teilen, die Gott geht, um die Menschen – sei es mit geistlichen, medizinischen oder anderen Mitteln – zu heilen.

JM

ANMERKUNGEN

1. Die Christliche Gesundheitskommission (CMC) wurde 1967 vom Zentralausschuss des ÖRK im Anschluss an zwei Konsultationen eingerichtet, die 1964 und 1967 im Deutschen Institut für Ärztliche Mission in Tübingen stattgefunden hatten. In den ersten Jahren nach ihrer Gründung gehörte die CMC der damaligen Abteilung des ÖRK für Weltmission und Evangelisation an. Später wurde sie der Programmeinheit «Gerechtigkeit und Dienst» angeschlossen. Vgl. Christoph Benn und Erlinda Senturias, «Health, Healing and Wholeness in the Ecumenical Discussion» (Gesundheit, Heilung und Ganzheit in der ökumenischen Diskussion), *IRM*, Bd. XC, Nr. 356/357, Jan./April 2001, S. 7-25. Diese ganze Doppelausgabe zum Thema «Gesundheit, Glaube und Heilung» enthält die Dokumente einer wichtigen Konsultation in Hamburg, die den jüngsten Studienprozess zum heilenden Dienst und zum Heilungsauftrag der Kirche in Gang gesetzt hatte.
2. Hier wird mit einer gewissen Verspätung die Frage der Beziehung zwischen Evangelium und Kulturen wieder aufgegriffen, die im Mittelpunkt der Weltmissionskonferenz in Salvador, Brasilien, gestanden hatte.
3. 1996 nahm der Zentralausschuss eine Erklärung mit dem Titel «Die Auswirkungen von HIV/AIDS und die Antwort der Kirchen» an, die in *Facing Aids. The Challenge, the Churches' Response. A WCC Study Document*, ÖRK, 1997, S. 96-108 veröffentlicht wurde.
4. Dokumente und vorläufige Ergebnisse des Dialogs mit den Pfingstkirchen sind in *IRM*, Bd. 93, Nr. 370/371, Juli/Okt. 2004, «Divine Healing, Pentecostalism and Mission» (Göttliche Heilung, Pfingstlertum und Mission) veröffentlicht worden.

144 Erklärungen zur christlichen Mission

DER HEILUNGSAUFTRAG DER KIRCHE

Einleitende Bemerkungen

1. Das vorliegende Dokument wurde von einer multikulturellen und interdenominationellen Gruppe von Missionswissenschaftlern -innen, Ärzten/Ärztinnen und medizinischen Fachkräften erarbeitet. Es baut auf der Tradition der Christlichen Gesundheitskommission des ÖRK (CMC) und deren höchst fruchtbarem Beitrag zum Verständnis des heilenden Dienstes der Kirche auf. Dieses Dokument wiederholt nicht, was in früheren Texten des Ökumenischen Rates der Kirchen gut formuliert erhalten bleibt, wie in dem 1990 vom Zentralausschuss angenommenen Dokument «Healing and Wholeness. The Churches' Role in Health» (Heilung und Ganzheit. Die Rolle der Kirchen in der Gesundheitsarbeit). Jener Text stellt den Dienst der Heilung in den Kontext der Bemühungen um Gerechtigkeit, Frieden und Bewahrung der Schöpfung hinein und bleibt weiterhin ein wesentlicher Beitrag, der sich in einer inzwischen globalisierten Welt als immer dringlicher erwiesen hat. Das vorliegende Studiendokument konzentriert sich hauptsächlich auf einige medizinische und theologisch-spirituelle Aspekte des heilenden Dienstes und deren Verbindung mit einem neueren ökumenischen Missionsverständnis. Es wird 2005 in Athen der Konferenz über Weltmission und Evangelisation (CWME) vorgelegt als Hintergrundpapier und als wichtiger Beitrag zu einem Dialog über die Relevanz des Konferenzthemas «Komm, Heiliger Geist, heile und versöhne! In Christus berufen, versöhnende und heilende Gemeinschaften zu sein».

Es sollte gemeinsam mit dem von der CWME-Kommission empfohlenen Studiendokument über *Mission als Dienst der Versöhnung*»[1] gelesen werden.

Das vorliegende Dokument erhebt nicht den Anspruch, letztgültige Aussagen über Heilung oder Mission zu machen, sondern hofft, die Debatte zu bereichern und Christen/Christinnen und Kirchen dazu zu befähigen, ihrer Berufung besser nachzukommen.

1. Der Kontext

Der globale Kontext von Gesundheit und Krankheit zu Beginn des 21. Jahrhunderts

2. Weltweite Statistiken über das Vorkommen und die Verbreitung von Krankheiten, über deren Belastung für Gemeinschaften und Gesellschaften und über Sterblichkeitsraten basieren auf einem wissenschaftlichen Verständnis von Krankheit und auf epidemiologischen Methoden zur Bemessung von Krankheiten und deren Auswirkungen.[2] In der medizinischen Wissenschaft bezieht sich Krankheit auf eine feststellbare Fehlfunktion der menschlichen Physiologie. Wir müssen zur Kenntnis nehmen, dass dieses Verständnis sich wesensmässig von einer stärker ganzheitlichen Interpretation von Gesundheit und Krankheiten unterscheidet, wie sie in ÖRK-Kreisen üblich ist,[3] und die nach den gängigen Methoden nicht quantifizierbar und daher für statistische Analysen nicht leicht verwendbar ist.

3. Die Beschreibung eines globalen Kontextes kann sowieso irreführend sein, da die Situation äusserst komplex ist und zwischen den Kontinenten und den Gesellschaften und in zunehmendem Masse auch innerhalb von Gesellschaften und sogar innerhalb von örtlichen Gemeinschaften enorm variiert, je nach den wirtschaftlichen Ressourcen, die die Lebensbedingungen, den Lebensstil und den Zugang zu medizinischer Versorgung beeinflussen. Jeder allgemeine Überblick wird äusserst irreführend sein, wenn er als genaue Beschreibung örtlicher oder regionaler Verhältnisse gewertet wird.

4. Dennoch lassen sich einige Trends feststellen. Man kann von einer weltweiten Verbesserung der Gesundheit sprechen, wenn sie gemäss vorzeitiger Sterblichkeit und durch Behinderung beeinträchtigter Lebensdauer bemessen wird, abgesehen von jenen Regionen, die stark von HIV/AIDS betroffen sind. Die Säuglingssterblichkeit, ein sensibler Indikator für allgemeine Lebensbedingungen und Zugang zur medizinischen Grundversorgung, hat in Europa und Nordamerika einen sehr niedrigen Stand erreicht und nimmt besonders in Ost- und Südostasien sowie auch in Lateinamerika und in der Karibik allmählich ab. Sie ist immer noch sehr hoch oder sogar ansteigend in einer Reihe von Ländern in der afrikanischen Sub-Sahara.

146 Erklärungen zur christlichen Mission

5. Zu weiteren wichtigen Trends gehört die *weltweite Zunahme von chronischer Erkrankung*, insbesondere Geisteskrankheiten und alte Menschen betreffende Krankheiten. Selbst in Ländern mit niedrigem Einkommen gibt es eine steigende Anzahl von Erwachsenen, die z.B. an Erkrankung der Herzkranzgefässe, an Krebs oder Diabetes leiden, den verbreitetsten Ursachen für Kränklichkeit und Sterblichkeit in industrialisierten Ländern.[4] Am beunruhigsten ist der allgemeine Trend, dass sowohl in Ländern des Nordens als auch des Südens langfristig immer mehr Menschen an psychischen Krankheiten, insbesondere Depression leiden. An Häufigkeit zunehmende und verstärkte Erfahrungen von Krisen und Bedrohungen im Zuge rascher Globalisierungsprozesse scheinen die menschliche Psyche unter übermässigen Druck zu setzen.

6. Zur Zeit ist die internationale Staatengemeinschaft dabei, im Rahmen des Prozesses zur Beurteilung des Fortschritts auf dem Weg zur Erreichung der Millenium-Entwicklungsziele (MDG) eine umfassende Überprüfung des weltweiten Gesundheitsstandes durchzuführen. Drei der acht MDGs beziehen sich direkt auf Gesundheit.[5]

7. *Die Auswirkung des von Menschen verursachten Klimawandels und der Verschlechterung der natürlichen Umwelt* auf die weltweite Gesundheitssituation lässt sich noch nicht ausreichend erfassen und bemessen, gibt aber zu ernsten Bedenken Anlass hinsichtlich seiner möglichen verheerenden Auswirkungen, nicht nur auf örtlicher, sondern auch auf weltweiter Ebene. So trägt z.B. die Abholzung von Wäldern zur Verstärkung der Treibhausgase in der Atmosphäre bei, die wieder den Abbau des stratosphärischen Ozons und die Verstärkung der Ultraviolettstrahlung nach sich zieht. Dies führt zur Schwächung der Immunsysteme und ermöglicht das Auftreten von Krebsformen und bestimmten Infektionskrankheiten, die von durch Zellen vermittelten Immunreaktionen abhängig sind. Das durch globale Erwärmung verursachte Ansteigen des Meereswasserspiegels führt zur Überflutung von Siedlungsgebieten, wodurch es wiederum zu mehr von Wasser übertragenen Krankheiten kommt. Die globale Erwärmung führt auch zu einem Wiederaufkommen von Malaria und anderen Infektionskrankheiten in Ländern mit gemässigtem Klima und verstärkt die Gefahr von Herz- und Gefässkrankheiten.

8. Trotz fortgeschrittener Technologie ist der weltweite Gesundheitszustand immer noch besorgniserregend, wie es aus dem 2004-Bericht der Weltgesundheitsorganisation hervorgeht.[6]

Es ist daher darauf hingewiesen worden, dass Gesundheit und Heilung nicht allein medizinische Angelegenheiten sind. Sie umfassen politische, soziale, wirtschaftliche, kulturelle und spirituelle Aspekte. Wie es in dem ÖRK-Dokument *Healing and Wholeness. The Churches' Role in Health* (Heilung und Ganzheit. Die Rolle der Kirchen in der Gesundheitsarbeit) heisst: «Es trifft zwar zu, dass die sogenannte 'Gesundheitsindustrie' in wachsendem Masse eine hochspezialisierte Technologie hervorbringt und einsetzt; dennoch zeigt die heutige Wirklichkeit, dass die meisten Gesundheitsprobleme in der Welt nicht auf diesem Wege zu lösen sind ... Es ist eine offenkundige Tatsache, dass Armut als Endergebnis von Unterdrückung, Ausbeutung und Krieg unter den Krankheitsursachen in der ganzen Welt an oberster Stelle rangiert. Weder Impfmassnahmen noch Medikamente, ja nicht einmal Gesundheitserziehung nach allgemein anerkannten Standards werden die Häufigkeit armutbedingter Krankheiten spürbar zurückdrängen können ...».[7]

Ungleicher Zugang zu Gesundheitsdiensten – Gesundheit und Gerechtigkeit als ethische Herausforderungen

9. Es bleibt eine Tatsache, dass in vielen Teilen der Welt Menschen keinen Zugang zu Gesundheitsdiensten haben. Die Frage eines erschwinglichen Zugangs zu medizinischer Versorgung und die Kommerzialisierung der Gesundheit sind noch weitere sehr komplexe und sensible Probleme. Auf der einen Seite wird die wissenschaftlich gegründete medizinische Versorgung immer teurer mit der immer höheren Entwicklung im diagnostischen und therapeutischen Bereich, wodurch die Kluft zwischen denen, die sich dies leisten können und denen, die es nicht können, grösser wird. Dies wirkt sich am deutlichsten in Ländern mit Niedrigeinkommen aus, zeigt sich aber auch immer stärker in Ländern mit hohem Einkommen und eingeschränkten öffentlichen Ausgaben im Gesundheitswesen. Die Christen müssen ständig daran erinnert werden, dass Zugang zu gesundheitlicher Versorgung ein wesentliches Menschenrecht ist und keine Ware, die nur für diejenigen zur Verfügung steht, die über genügend finanzielle Mittel verfügen.

10. Auf der anderen Seite besteht ein zunehmendes Interesse, sich mit durch Armut verursachten Krankheiten zu befassen, insbesondere mit den schweren Infektionskrankheiten HIV/AIDS, Tuberkulose und Malaria. Hier spielt der von den Vereinten Nationen geschaffene «Global Fund to Fight AIDS, Tuberculosis & Malaria» eine besondere Rolle. Christen und Christinnen haben sich stark dafür eingesetzt, dass den durch Armut verursachten Krankheiten mehr Aufmerksamkeit geschenkt wird und finanzielle Mittel zugewiesen werden, um eine gerechtere Verteilung der Ressourcen zu erreichen. Dieses Anliegen wird von mehreren weltweiten Kampagnen oder Initiativen bezeugt, wie z.B. dem «Ökumenischen Aktionsbündnis» und der «Ökumenischen HIV/AIDS-Initiative in Afrika». Bei solchen weltweiten Gesundheitsfragen gibt es auch zunehmend mehr Bemühungen um Zusammenarbeit zwischen verschiedenen Glaubensgemeinschaften.

11. Auch wenn gute Gesundheitsdienste in einigen Fällen zur Linderung von Armut beitragen, können Gesundheit und Heilung nicht von der strukturellen Organisation unserer Gesellschaft, der Qualität der zwischenmenschlichen Beziehungen und dem Lebensstil getrennt werden.

Sich immer stärker verbreitende ungesunde Formen des Lebensstils[8] sind Folgen von Standards und Interessen der Nahrungsmittelindustrie und der sich verändernden kulturellen Verhaltensweisen, die unter anderem von den Medien und von der Werbeindustrie gefördert werden.

12. Der gegenwärtige Zustand könnte folgendermassen zusammengefasst werden:

In unserer heutigen globalisierten und in hohem Masse kommerzialisierten Welt sind die Menschen bei weitem nicht alle gesund, weder als einzelne Menschen noch als Gemeinschaften, und dies trotz der vielen Fortschritte in der Präventivmedizin und in therapeutischen Fertigkeiten.

- Viele Menschen haben keinen Zugang zu einer gesundheitlichen Versorgung, die sie sich leisten können.
- Während vermeidbare Krankheiten in vielen Teilen der Welt immer noch ein grosses Problem sind, nehmen chronische Krankheiten, die häufig mit dem Lebensstil und

dem Verhalten verbunden sind, ständig zu und verursachen überall in der Welt viel Leiden.
- Wir stellen heute eine wachsende Zahl von Menschen mit Geisteskrankheiten fest.
- Die Kosten für die medizinische Versorgung sind beunruhigend gestiegen. Sie machen die moderne Technologie für viele unzugänglich und führen dazu, dass medizinische Systeme nicht mehr nachhaltig tragbar sind.
- Hochentwickelte Technologie hat ein unmenschliches Gesicht und führt dazu, dass Menschen sich isoliert und zerspalten fühlen.
- Der Tod wird in der modernen Medizin als Scheitern angesehen und in einem Masse aggressiv bekämpft, dass Menschen nicht in Würde sterben können.

13. Menschen, die vom etablierten Gesundheitssystem enttäuscht sind, streben nach mehr als der Behandlung einer kranken Leber oder eines kranken Herzens. Sie wollen als Personen angesehen und behandelt werden. Ihre Krankheiten führen sie häufig dazu, spirituelle Fragen zu stellen, und es wird immer mehr nach der spirituellen Dimension des Heilens gesucht.

In den wohlhabenden Ländern wird von vielen die wichtige Rolle der Gemeinschaft bei der Herstellung und Erhaltung von Gesundheit wieder entdeckt.

14. WissenschaftlerInnen haben angefangen, die sogenannten «religiösen Gesundheitswerte» festzustellen, um grundlegende Daten zusammenzustellen über potentielle materielle Infrastruktur und spirituelle Beiträge von religiösen Gemeinschaften zur nationalen und internationalen Gesundheitspolitik.

Eine Reihe von epidemiologischen Studien, die von medizinischen Fachleuten, vorwiegend in den USA, durchgeführt wurden und die die positive Wirkung von Religion und Spiritualität auf die Gesundheit unterstreichen, ermöglichen einen neuen Dialog zwischen den medizinischen und den theologischen Disziplinen.[9] Die wissenschaftliche Medizin als solche interessiert sich inzwischen in zunehmendem Masse für die spirituelle Dimension des Menschen.

Heilung und Kultur – unterschiedliche Weltsichten und kulturelle Kontexte und deren Auswirkung auf das Verständnis von Gesundheit und Heilung

15. Wie Gesundheit und Heilung definiert und Krankheit und Leiden erklärt werden, hängt weitgehend vom kulturellen Umfeld und von den Sitten ab. In ökumenischen Missionskreisen wird Kultur gewöhnlich in einem weiteren Sinne verstanden, der nicht nur Literatur, Musik und Kunst umfasst, sondern auch Wertvorstellungen, Strukturen, Weltsicht, Ethik wie auch Religion.[10]

16. Die Verbindung von Religion, Weltsicht und Wertvorstellungen wirkt sich insbesondere auf das jeweilige Verständnis und den Umgang mit Heilen aus. Da die Kultur sich von einem Kontinent zum anderen, von einem Land zum anderen und sogar innerhalb von Ländern und Menschengruppen unterscheidet, gibt es kein unmittelbar allgemeingültiges gemeinsames Verständnis der Hauptursachen von Krankheit und Leiden oder irgendeinem die Menschen befallenden Übel.

17. Es gibt Kulturen, in denen übernatürliche Wesen als die eigentlichen Verursacher von Krankheit, insbesondere von geistigen Störungen, gesehen werden. Bei solchen Vorstellungen gehen die Menschen zu traditionellen Heilern und religiösen Spezialisten für einen Exorzismus und eine Befreiung von bösen Geistern und Dämonen. Erst dann können sie Gewissheit haben, dass die eigentliche Ursache ihres Leidens behandelt wurde. Das würde nicht die gleichzeitige Behandlung der Symptome mit Kräutern und traditionell oder industriell hergestellten Arzneien ausschliessen.

18. Sehr viele Menschen verbinden volkstümliche religiöse Vorstellungen und Kultur mit ihrem Verständnis von Gesundheit und Heilung. Dies könnten wir als Volkreligiosität und Gesundheitsglauben bezeichnen. Zu diesem Glauben können auch die Verehrung von Heiligen, Pilgerreisen zu Schreinen und Verwendung von religiösen Symbolen wie Öl und Amulette gehören, um Menschen vor bösen Geistern oder bösen Absichten zu schützen, die den Menschen schaden.

19. Andere, insbesondere asiatische Kulturen verweisen auf die Bedeutung der Harmonie innerhalb des menschlichen Körpers als notwendige Voraussetzung für Gesundheit, Wohlergehen und

Heilung des Menschen. Shibashi z.B., eine alte chinesische Praxis naturverbundener Bewegungen stimmt den Körper auf den Rhythmus der Natur ein und schafft damit eine Energie spendende Wirkung. Die traditionelle Vorstellung ist, dass Heilung und Gesundheit konkrete Auswirkungen des Gleichgewichts im Energiefluss sind, die von innerhalb und von ausserhalb des Körpers hervorgerufen werden. Die Blockierung von Energiezentren *(chakras)* oder die Behinderung des Energieflusses verursacht Krankheit. Akupunktur oder Fingerdruck sind andere Mittel, mit denen der Energiefluss ausgeglichen werden kann.

20. Aus verschiedenen Weltsichten entwickelten sich in einigen der grossen Weltzivilisationen kulturspezifische medizinische Wissenschaften und Systeme. Besonders seit der Aufklärung wurden diese vom westlichen medizinischen Establishment missachtet, doch jetzt werden sie zunehmend wieder als wertvolle Alternativen für die Behandlung bestimmter Krankheiten angesehen.

21. Infolge der Fortschritte der medizinischen Wissenschaft und des interkulturellen Austauschs entwickeln einige Menschen, insbesondere im westlichen Kontext, neue Formen des Lebensstils, die Laufen, Jogging, Aerobik-Übungen, gesunde Ernährung, Yoga und andere Formen der Meditation, Massage, Sauna und Heilbäder besonders hervorheben, um damit Wohlbefinden, Gesundheit und Heilung zu erreichen. Diese Mittel können durchaus Erleichterung bringen von Stress-Situationen und chronischen Krankheiten wie Herz- und Gefässkrankheiten und Diabetes mellitus.

22. Bestimmte Formen naturbezogener Religiosität und indigene und neu aufkommende säkulare Kulturen verweisen auch auf die Beziehung zwischen Kosmologie oder Ökologie und Gesundheit und Heilung. Es gibt ein wachsendes, jedoch immer noch unzureichendes Bewusstsein von der Bedeutung der Verbindung zwischen Ökologie und Gesundheit. Die entscheidenden Faktoren für Gesundheit sind sauberes Wasser und saubere Luft und ein sicherer Lebensraum für alle Lebewesen. Die Abholzung von Wäldern hat die Wasserversorgung zutiefst geschädigt, die Luft verunreinigt und die Lebensräume vieler Lebewesen zerstört und diese verpestet und unter Menschen und in anderen Bereichen der Schöpfung Krankheiten ausgelöst. Sehr enge Verbindungen von Tieren und Menschen sind jetzt die Ursache neuer Formen von Epidemien, wie

z.B. das Auftreten der Vogelgrippe, einer ernsten und potentiell tödlichen Virusinfektion, die von Enten und Hühnern auf Menschen übertragen wird. Die Tsunami-Katastrophe und deren Folgen zeigen eindrücklich, wie wichtig es ist, nicht nur die Menschen, sondern die ganze Schöpfung zu bewahren und sich dem Rhythmus der Natur anzupassen.

2. Gesundheit und Heilung und die Ökumenische Bewegung

23. In alten Zeiten war die Kunst der Heilung den Priestern vorbehalten. Bei Krankheitsfällen wurden sie um Rat gefragt und oft als Heilungsvermittler betrachtet. Die Einheit von Leib, Geist und Seele wurde verstanden und bejaht.

Die zentrale Rolle des Heilens und die Mission der alten Kirche

24. Es lohnt sich, daran zu erinnern, dass das Wachstum der frühen Kirche im 2. und 3. Jahrhundert unter anderem auf die Tatsache zurückzuführen war, dass das Christentum sich gegenüber den Gesellschaften im Mittelmeerraum als eine heilende Bewegung darstellte. Die Bedeutung der verschiedenen heilenden Dienste innerhalb der Kirche kommt in den frühen Missionsberichten im Neuen Testament zum Ausdruck. Viele Schriften der frühen Kirchenväter bekräftigen ebenfalls die zentrale Rolle der Kirche als einer heilenden Gemeinschaft und verkündigen Christus gegenüber der hellenistischen Religiosität als den Heiler der Welt.

25. Indem das Christentum bekräftigte, dass Gott selbst im Leben seines Sohnes Erfahrungen der Schwachheit durchlebt hat und sogar den Tod selbst erfahren hat, verwandelte es das Gottesverständnis auf revolutionäre Weise und veränderte tiefgreifend die Grundeinstellung der Glaubensgemeinschaft zu den Kranken, den Alten und den Sterbenden. Es trug entscheidend dazu bei, die konventionellen Verfahrensweisen und Mechanismen der Ausgrenzung, der Diskriminierung und der religiösen Stigmatisierung der Kranken und Gebrechlichen zu durchbrechen. Es beendete die Assoziierung des Göttlichen mit Idealen einer vollkommenen, gesunden, schönen und leidenslosen Existenz. Die veränderte Einstellung zu den Kranken, den Witwen und den Armen

erwies sich als eine entscheidende Quelle für den missionarischen Erfolg und die Lebenskraft der alten Kirche. Die Klöster blieben durch die Pflege der Kranken weiterhin Inseln der Hoffnung.

Medizinische Wissenschaft und ärztliche Missionsgesellschaften

26. Im Laufe der Jahrhunderte und besonders seit der Aufklärung hat die wissenschaftliche und technologische Entwicklung zu einem Wandel im Verständnis des Menschen und der Gesundheit geführt. Statt als untrennbare Einheit betrachtet zu werden, wurde der Mensch in Leib, Geist/Verstand und Seele zerspalten. Mediziner neigen dazu, eine Krankheit als Funktionsstörung einer wunderbaren und komplizierten Maschine zu verstehen, die mit Hilfe medizinischer Fertigkeiten repariert werden muss, wobei die Tatsache ausser Acht gelassen wird, dass Menschen eine Seele und einen Geist haben. Durch das Aufkommen der Psychologie und Psychiatrie als Disziplinen, die die Behandlung des Geistes übernahmen, wurde diese Aufteilung noch verstärkt. Dies führte dazu, dass das Verständnis für das Konzept der Ganzheit sowie auch für die Rolle der Gemeinschaft und der Spiritualität in der Gesundheit verlorenging.

27. Etwas später, d.h. im 19. Jahrhundert, entstanden die ärztlichen Missionsgesellschaften, durch die in vielen Teilen der Welt, wo MissionarInnen tätig waren, kirchliche Zentren für medizinische Versorgung geschaffen wurden. Einige sahen in der Gesundheitsfürsorge einen wesentlichen Aspekt der Mission der aussendenden Kirche oder Missionsorganisation. Wenngleich diese Missionskrankenhäuser hochqualifizierte mitfühlende Pflege zu niedrigen Kosten leisteten, wurde doch häufig das westliche medizinische Modell der gesundheitlichen Betreuung den einheimischen ortseigenen Kulturen mit ihren eigenen Traditionen der Therapie und der Heilung übergestülpt. Es haben sich jedoch von Anfang an viele MissionarInnen im Rahmen der ärztlichen Mission für die Ausbildung einheimischer Kräfte in der Kunst der Heilung und Pflege eingesetzt.

Ein ganzheitliches und ausgewogenes Verständnis des christlichen Dienstes der Heilung

28. Ein sorgfältig geplanter und sehr umfassender Studienprozess, der in den 70er- und 80er-Jahren von der Christlichen Gesundheitskommission (CMC) im Ökumenischen Rat der Kirchen initiiert wurde, hat ergeben, dass viele Faktoren oder Einflüsse verantwortlich sind für bestimmte Formen von Krankheit und zerbrochene Beziehungen, für zunehmende Gefühle der Leere und mangelnde geistliche Orientierung im Leben der Menschen, für die Schwächung der natürlichen Abwehrkräfte des Körpers gegenüber Infektionen oder bio-chemische Störungen von Körperfunktionen oder andere Formen physischer, emotionaler oder geistiger Störungen, für die Verursachung einer Unausgewogenheit im Energiefluss, die zu Blockierungen und zu Zeichen von Un-Wohlsein führt oder zu Versklavung oder Abhängigkeit von bösen Begierden oder Einflüssen, die den Menschen daran hindern, auf Gottes erlösende Gnade zu antworten.

29. Nach einer in der biblisch-theologischen Tradition der Kirche verwurzelten Anthropologie wird der Mensch als eine «multidimensionale Einheit» verstanden[11]. Leib, Seele und Geist sind nicht voneinander getrennte Grössen, sondern sind miteinander verbunden und voneinander abhängig. Daher hat die Gesundheit physische, psychologische und spirituelle Dimensionen. Der einzelne Mensch ist auch Teil der Gemeinschaft. Somit hat die Gesundheit auch eine soziale Dimension. Und wegen der Interaktion zwischen der natürlichen Umwelt (Biosphäre) und Menschen oder Gemeinschaften hat die Gesundheit sogar eine ökologische Dimension.

30. Dies hat den Ökumenischen Rat der Kirchen zu folgender Definition von Gesundheit geführt:

> Gesundheit ist ein dynamischer Zustand des Wohlbefindens des einzelnen Menschen und der Gesellschaft, des körperlichen, seelischen, geistigen, wirtschaftlichen, politischen und sozialen Wohlbefindens -, des Lebens in Harmonie miteinander, mit der materiellen Umwelt und mit Gott.[12]

Ein solches holistisches Verständnis geht davon aus, dass Gesundheit kein statischer Begriff ist, bei dem eine klare Unterscheidung gemacht wird zwischen denjenigen, die gesund sind und denjenigen, die es nicht sind. Jeder Mensch bewegt sich ständig zwischen unterschiedlichen Graden von Gesundbleiben und Kämpfen gegen Infektionen und Krankheiten. Ein solches Verständnis von Gesundheit kommt der Auffassung nahe, die sich in der neueren Debatte und Forschung über gesundheitsfördernde Faktoren abzeichnet.[13]

Ein solches holistisches Verständnis hat auch Konsequenzen für das Verständnis der Mission der Kirche: Zum christlichen Dienst des Heilens gehören sowohl die Praxis der Medizin (für körperliche und geistige Gesundheit) als auch Pflege- und Beratungsdisziplinen und spirituelle Praktiken. Busse, Gebet und/oder Handauflegung, göttliche Heilung, Rituale mit Berührung und Zärtlichkeit, Vergebung und das Teilhaben an der Eucharistie können im physischen wie auch im sozialen Bereich der Menschen wichtige und zuweilen aussergewöhnliche Auswirkungen haben. Alle diese verschiedenartigen Mittel gehören zu Gottes Wirken in der Schöpfung und seiner Gegenwart in der Kirche. Die heutige wissenschaftliche Medizin wie auch andere medizinische Vorgehensweisen machen sich das zunutze, was in der von Gott geschaffenen Welt vorhanden ist. Heilung mit 'medizinischen Mitteln' ist nicht als minderwertig (oder sogar unnötig) im Vergleich mit Heilung durch andere oder durch 'spirituelle' Mittel zu verstehen.

31. Es gibt Kirchen und soziale Kontexte (insbesondere in modernen westlichen post-Aufklärung-Gesellschaften), in denen die Errungenschaften der zeitgenössischen wissenschaftlichen Medizin und die physischen Aspekte von Gesundheit und Heilung ein einseitiges Schwergewicht und besondere Aufmerksamkeit bekamen. Hier ist eine neue Offenheit und Aufmerksamkeit gegenüber den spirituellen Dimensionen in den christlichen Diensten der Heilung notwendig. Daneben gibt es andere Kontexte und Kirchen, in denen – auf Grund einer anderen Weltsicht und dem Fehlen moderner westlicher Gesundheitssysteme – die Bedeutung des spirituellen Heilens hochgeschätzt wird. Hier ist ebenfalls ein neuer Dialog zwischen spirituellen Heilungspraktiken und Heilungsansätzen in der modernen Medizin wesentlich.

156 Erklärungen zur christlichen Mission

Neuere Versuche, das Verständnis des Heilungsauftrags der Kirche zu vertiefen

32. Eine der gründlichsten neueren Studien wurde im Namen der Kirche von England von einer Arbeitsgruppe durchgeführt, die vom House of Bishops beauftragt wurde. Sie erstellte einen bemerkenswert umfassenden Bericht, in dem folgende Definition von Heilung entwickelt wurde: «...ein auf Gesundheit und Ganzheit ausgerichteter Prozess... Er umfasst, was Gott durch die Inkarnation Jesu Christi für die Menschen erreicht hat... Gottes Gaben der Heilung werden gelegentlich unmittelbar und rasch erfahren, doch in den meisten Fällen ist Heilung ein allmählicher Prozess, der Zeit braucht, um auf mehr als einer Ebene eine tiefgreifende Wiederherstellung zu bewirken.»[14]

33. Es ist auch bemerkenswert, dass zu Beginn des 21. Jahrhunderts mehrere wichtige ökumenische kirchliche Versammlungen – wie die Vollversammlung des Lutherischen Weltbunds (LWB) in Winnipeg/Kanada, die Vollversammlung der Konferenz Europäischer Kirchen (KEK) in Trondheim/Norwegen und die Ratstagung des Reformierten Weltbunds (RWB) in Accra/Ghana ihre Aufmerksamkeit direkt oder indirekt auf den heilenden Dienst der Kirche in einer von Leiden und Gewalt zerrissenen Welt konzentriert haben. Folgender Auszug aus dem erst kürzlich veröffentlichten Missionsdokument des LWB spricht für viele dieser Bemühungen:

Nach der Heiligen Schrift ist Gott die Quelle aller Heilung. Im Alten Testament hängen Heilung und Erlösung zusammen und haben in vielen Fällen die gleiche Bedeutung: «Heile mich, Herr, so werde ich heil; hilf du mir, so ist mir geholfen» (Jeremia 17,14). Das Neue Testament setzt jedoch Heilung von einer Krankheit nicht mit der Erlösung gleich. Es unterscheidet zudem zwischen Genesung und Heilung. Einige mögen gesund, aber nicht geheilt werden (Lukas 17,15-19), während andere nicht gesund, aber geheilt werden (2. Korinther 12,7-9). «Genesung» bedeutet, dass die verlorengegangene Gesundheit wiederhergestellt wird und bezeichnet somit eine protologische Sicht. Heilung wiederum bezieht sich auf die eschatologische Wirklichkeit des Lebens in Fülle, das durch das Christusgeschehen hereinbricht, durch den verwundeten Heiler, der an allen Bereichen des menschlichen Leidens,

Sterbens und Lebens teilhat und durch seine Auferstehung Verletzung, Leiden und Tod überwindet. In diesem Sinne verweisen Heilung und Erlösung auf dieselbe eschatologische Wirklichkeit.[15]

Neuer Dialog zwischen verschiedenen Weltsichten im Blick auf die Wirklichkeit spiritueller Kräfte
34. Infolge des raschen Anwachsens pfingstlerisch-charismatischer Bewegungen und ihres Einflusses quer durch das ökumenische Spektrum sind in den letzten Jahren Begriffe wie «Machtbegegnung», «Dämon(ologie)» und «Fürstentümer/Mächte und Gewalten» als Themen für die heutige missiologische Diskussion und Forschung interessant geworden, wie auch insbesondere die Frage der göttlichen Heilung. Exorzismus, Austreibung böser Geister und «Hexendämonologie» sind ebenfalls Begriffe, die heute in bestimmten christlichen Kreisen häufiger benutzt werden.[16]

Das Reden über Dämonen und böse Geister ist natürlich weder in der christlichen Theologie noch im kirchlichen Leben ein neues Phänomen. Die christliche Kirche hat durch ihre Geschichte hindurch – insbesondere während der ersten Jahrhunderte und später, meistens unter schwärmerischen, charismatischen Erneuerungsbewegungen – entweder besonders begabte/gesegnete Personen für den Kampf gegen böse Mächte ernannt (Exorzisten) oder zumindest die Wirklichkeit geistiger Mächte anerkannt.

35. Die schnelle Verbreitung der christlichen Kirchen in den Kulturen ausserhalb des Wesens hat ebenfalls dazu beigetragen, dass die Frage der Dämonologie stärker an Bedeutung gewann. Christen und Christinnen in Afrika, Asien, Lateinamerika und im pazifischen Raum neigen dazu, gegenüber dem Gedanken der Wirklichkeit solcher Mächte offener zu sein. In vielen dieser Kulturen ist auch ausserhalb des christlichen Glaubens die Verbindung mit geistigen Mächten weit verbreitet.

Einer der Hauptgründe, warum die westlichen Kirchen – insbesondere die historischen protestantischen Kirchen – während mehrerer Jahrhunderte der ganzen Frage der geistigen Mächte ausgewichen sind, hat etwas mit dem besonderen Charakter ihrer Weltsicht zu tun, die auf den Einfluss der Aufklärung zurückgeht. Die christliche Theologie und die Ausbildung der Geistlichen ignorierten dieses Thema nicht nur, sondern trugen häufig auch dazu bei, selbst die biblische Redeweise über Dämonen und geistige Mächte zu «entmythologisieren». Frühere Texte des ÖRK über Heilung und Gesundheit haben sich mit dieser Frage ebenfalls nicht hinreichend befasst.[17] Zur Zeit findet in der westlichen Kultur ein Paradigmenwechsel statt – häufig als Postmoderne bezeichnet –, der eine enge rationalistische Weltsicht und Theologie in Frage stellt.

3. Gesundheit und Heilung in biblischer und theologischer Sicht

Gottes Heilungsauftrag

36. Gott Vater, Sohn und Heiliger Geist führen die Schöpfung und die Menschheit zur vollen Verwirklichung des Gottesreiches, das die Propheten ankündigen und als versöhnte und geheilte Beziehung zwischen Schöpfung und Gott, Menschheit und Gott, Menschheit und Schöpfung, zwischen Menschen als Einzelpersonen und als Gruppen oder Gesellschaften erwarten (Heilung im vollsten Sinne als «schalom», Jesaja 65,17-25). Dies wird in der Missionswissenschaft als missio Dei bezeichnet. In einer trinitarischen Sicht sind die schöpfungsbezogenen, sozio-relationellen und geistig-energetischen Dimensionen der Heilung in wechselseitiger Abhängigkeit miteinander verwoben.

Während wir die dynamische Wirklichkeit der Mission Gottes in der Welt und der Schöpfung bekräftigen, bekennen wir auch deren tiefes Geheimnis, das über das Erfassen durch menschliche Erkenntnis hinausgeht (Hiob 38f.). Wir freuen uns, wenn immer Gottes Gegenwart in wunderbarer und befreiender Heilung, in Veränderungen im Leben und in der Geschichte der Menschen und als Befähigung zu einem Leben in Würde zum Ausdruck kommt. Wir schliessen uns auch dem Schrei des Psalmisten und Hiobs an, um den Schöpfer herauszufordern, wenn Böses und unerklärliches Leid uns empört und auf die Abwesenheit eines gnädigen und gerechten Gottes hinzuweisen scheint: «Warum, o Gott? Warum ich, Herr? Wie lange noch?» Inmitten einer zutiefst ambivalenten und paradoxen Welt bekräftigen wir unseren Glauben an und unsere Hoffnung auf einen Gott, der heilt und sorgt.

37. Als Christen und Christinnen bekennen wir das vollkommene Bild Gottes, wie es sich in Jesus Christus offenbart, der kam, um durch sein Leben, seine Taten und Worte zu bezeugen, wie Gott sich um die Menschheit und die Schöpfung sorgt. Die Fleischwerdung Gottes in Christus bekräftigt, dass Gottes heilende Kraft uns nicht von dieser Welt oder vor allem auch von allen materiellen und körperlichen Problemen erlöst, sondern inmitten dieser Welt und all ihrer Schmerzen, Gebrochenheit und Zertrennung geschieht und dass Heilung die ganze menschliche Existenz umfasst.

Jesus Christus ist Kern und Mitte von Gottes Mission, die Personalisierung des Gottesreiches. In der Kraft des Heiligen Geistes war Jesus von Nazareth ein Heiler, Exorzist, Lehrer, Prophet, Wegführer und Anreger. Er brachte und schenkte Freiheit von Sünde, Bösem, Schmerz, Leiden, Krankheit, Gebrochenheit, Hass und Uneinigkeit (Lukas 4,16ff, Matthäus 11,2-6). Was das Heilen Jesu Christi besonders auszeichnete, war sein Gespür für die Nöte der Menschen, insbesondere der Verletzbaren, die Tatsache, dass er 'berührt' wurde und mit Heilen antwortete (Lukas 8,42-48), seine Bereitschaft zuzuhören und für Veränderung offen zu sein (Markus 7,24-30), seine Weigerung, eine Verzögerung bei der Linderung von Leiden hinzunehmen (Lukas 13,10-13) und seine Autorität über Traditionen und böse Geister. Im Gegensatz zu dem, was wir gewöhnlich bei Heilungen erleben, führten Jesu Heilungen stets zu einer völligen Wiederherstellung von Leib und Seele.

38. Er eröffnete die neue Schöpfung, die «Endzeit» *(eschaton)* durch Zeichen und Wunder, die hinweisen auf die Fülle des Lebens, die Überwindung von Leiden und Tod, wie es von Gott verheissen und von den Propheten angekündigt wurde. Doch diese Wundertaten waren nicht mehr als Zeichen oder Hinweise. Christus heilte diejenigen, die zu ihm kamen oder zu ihm gebracht wurden. Er heilte jedoch nicht alle Kranken seiner Zeit. Das bereits gegenwärtige Reich Gottes wird noch erwartet. «Heilung ist eine Wegstrecke hin zur Vollkommenheit der endgültigen Hoffnung, doch diese Vollkommenheit wird nicht immer in der Gegenwart vollständig verwirklicht (Römer 8,22)».[18]

39. Jesu Wirken als Heiler und Exorzist weist insbesondere hin auf die Vollendung seines Dienstes am Kreuz: er kam, um Heil zu

schenken und die Beziehung mit Gott zu heilen, was Paulus später als «Versöhnung» bezeichnete (2. Korinther 5). Dies tat er durch Dienst und Opfer, indem er den von Jesaja (52,13-53,12) prophezeiten Dienst des «verwundeten Heilers» erfüllte. Christi Tod am Kreuz ist somit sowohl Protest gegen alles Leiden (Markus 15,13 – 53,12) als auch Sieg über die Sünde und das Böse. Indem er Christus auferweckte, rechtfertigte Gott seinen Dienst und gab ihm bleibende Bedeutung. Das Kreuz und die Auferstehung Christi bekräftigt, dass Gottes heilende Kraft nicht von der Realität des Schmerzes, der Gebrochenheit und des Sterbens losgelöst ist oder darüber steht, sondern bis in die Tiefe des Leidens der Menschen und der Schöpfung hineinreicht und in die äusserste Tiefe der Finsternis und Verzweiflung Licht und Hoffnung bringt. Das Bild des auferstandenen Christus lässt sich finden unter leidenden Menschen (Matthäus 25,31-46) wie auch unter verletzbaren und verwundeten Heilern (Matthäus 28,20 und 10,16; 2. Korinther 12,9; Johannes 15,20).

40. In der ökumenischen Missiologie geht man davon aus, dass der Heilige Geist als Herr und Lebensspender in der Kirche und in der Welt wirksam ist. Das beständige Wirken des Heiligen Geistes in der ganzen Schöpfung, das Zeichen und einen Vorgeschmack der neuen Schöpfung mit sich bringt, (2. Korinther 5,17), bekräftigt, dass die heilende Kraft Gottes alle räumlichen und zeitlichen Grenzen überwindet und sowohl innerhalb als auch ausserhalb der christlichen Kirche am Werk ist und die Menschheit und die Schöpfung in der Perspektive der zukünftigen Welt verwandelt. Gott, der Heilige Geist, ist der Lebensquell für das Leben des einzelnen Christen und der Gemeinschaft (Johannes 7,37-39). Der Heilige Geist befähigt die Kirche zur Mission und rüstet sie mit vielfältigen Charismen aus, wie z.B. der Gabe des Heilens durch Gebet und Handauflegung, der Gabe der Tröstung und der Seelsorge für diejenigen, deren Leiden endlos zu sein scheint, der Geistesgabe des Exorzismus zur Austreibung von Geistern, der Vollmacht zur Prophetie, um die strukturellen Sünden anzuprangern, die für Ungerechtigkeit und Tod verantwortlich sind, und der Gabe der Weisheit und Erkenntnis, die für wissenschaftliche Forschung und Ausübung medizinischer Berufe notwendig ist. Doch Gott, der Heilige Geist, befähigt die christliche Gemeinschaft

auch zu vergeben, Wunden zu heilen, Trennungen zu überwinden und sich so auf volle Gemeinschaft hinzubewegen. So erfüllt und erweitert der Heilige Geist die heilende und vergebende Mission Christi und macht sich allgemeingültig.

Durch sein Seufzen in Kirche und Schöpfung (Römer 8) verwirklicht der Geist auch Christi Solidarität mit den Leidenden und bezeugt damit die Kraft der göttlichen Gnade, die sich paradoxerweise auch in Schwachheit und Krankheit manifestiert (2. Korinther 12,9).

41. Der Heilige Geist erfüllt die Kirche mit der verwandelnden Autorität des auferstandenen Herrn, der heilt und vom Bösen befreit, und mit der Barmherzigkeit des leidenden Gottesknechts, der für die Sünde der Welt stirbt und die Unterdrückten tröstet. Eine vom Geist geleitete Mission umfasst zugleich mutiges Zeugnis und eine demütige Präsenz.

Gesundheit, Heilung und die Vorstellung von geistigen Kräften

42. Eins der hervortretenden Merkmale, mit denen der heilende Dienst Jesu im Neuen Testament beschrieben wird, ist das der letztgültigen Autorität über alle das Leben entstellenden und zerstörenden Kräfte einschliesslich des Todes (Lukas 7,11-17; Johannes 11,11; Markus 5,35-43). Das biblische Weltbild setzt die Wirklichkeit der unsichtbaren Welt voraus und verbindet mit Geistern und der Geistwelt Macht und Autorität.

43. In Jesus Christus ist das Reich Gottes nahegekommen (Matthäus 4,17; Lukas 11,20) und liess die Dämonen «zittern» (Jakobus 2,19), weil sie erkannten, dass Christus gekommen war, um «die Werke des Teufels zu zerstören» (1. Johannes 3,8; s. Kolosser 2,15). Da mehrere biblische Heilungsgeschichten sich auf Dämonen und böse Geister als Ursache von Krankheit beziehen, wird der Exorzismus folglich zu einem der gebräuchlichsten Heilmittel (Markus 1,23-28; 5,9; 7,32-35; Lukas 4,33-37; Matthäus 8,16; Johannes 5,1-8), denn die Diagnose bestimmt die Therapie. Es gibt daher tatsächlich eine Form der Heilung, die in der Bibel als eine Machtbegegnung zwischen Christus und den bösen Kräften dargestellt wird, eine spezifische Form des Heilungsauftrags, die heute in mehreren Kirchen besonders hervorgehoben wird, insbesondere in Kirchen mit pfingstlerischem und charismatischem Hintergrund.

44. Durch Auferstehung und Himmelfahrt hat Christus alle bösen Mächte überwunden. Die Kirche feiert diesen Sieg in der Liturgie. Durch ihr Zeugnis und ihre Mission bezeugt die Kirche, dass die Mächte – alle Mächte – besiegt wurden und ihnen somit ihre bindende Gewalt über das menschliche Leben genommen wurde. Diejenigen, die Christus nachfolgen, wagen es, in seinem Namen alle anderen Mächte zu brandmarken und in Frage zu stellen, und bringen so die frohe Botschaft: «Geht aber und predigt und sprecht: Das Himmelreich ist nahe herbeigekommen. Macht Kranke gesund, weckt Tote auf, macht Aussätzige rein, treibt böse Geister aus» (Matthäus 10,7; vgl. Markus 16,9-20).

45. Dies bedeutet, dass es zum Auftrag der Kirchen, das Evangelium zu verkündigen, gehört, sich bewusst mit den Mächten zu befassen und sie zu benennen und sich dem Kampf mit dem Bösen zu stellen, in welcher Form es sich auch immer darstellen mag. Diese Mächte dürfen nicht leicht genommen, sondern müssen erkannt werden, weil ihre Wirklichkeit darin liegt, wie sie Menschen im Griff haben, für die sie die entscheidenden Koordinaten im Leben sind.

Diese Frage der Beziehung zwischen Dämonologie/Mächten und Heilung erfordert sorgfältige Untersuchung. Wie die Wirklichkeit und der Einfluss der Mächte in heutigen Kontexten und Kulturen interpretiert werden sollte, ist eine der dringlichen ökumenischen Debatten.[19]

Krankheit, Heilung und Sünde. Das «jetzt schon und noch nicht» des Gottesreiches

46. Wenngleich das Böse und die Sünde in Christus überwunden wurden, gibt es immer noch viele Katastrophen, Krankheiten, Mängel und Leiden (physischer, moralischer, geistiger und sozialer Art), die die Ankunft des Gottesreiches zu leugnen scheinen. Die Bibel kennt die Tradition, die besagt, dass Krankheit oder Unglück eine göttliche Antwort auf persönliche oder kollektive Sünde sein kann. Die Propheten haben das Gottesvolk beständig dazu aufgerufen, Busse zu tun für seinen Ungehorsam gegenüber dem Wort Gottes. Das Neue Testament kennt die mögliche Verbindung zwischen Sünde und Krankheit (1. Korinther 11,28-34). Jesus selbst leugnet jedoch nachdrücklich eine direkte Beziehung zwischen per-

sönlicher Sünde und Krankheit: «Wer hat gesündigt, dieser oder seine Eltern? ...es sollen die Werke Gottes offenbar werden an ihm» (Johannes 9,2). In ähnlicher Weise lässt er in seinen Antworten auf Fragen im Zusammenhang mit Unglücken die Frage ihrer Ursache offen (Lukas 13,1-5) und verweist statt dessen auf die dringende Notwendigkeit, zu Gott umzukehren und dem von ihm gebotenen Leben zu folgen.

47. In der Zeit zwischen Ostern und dem Ende der Geschichte geht das Leiden weiter. Die Evangelien geben keine Erklärung für dieses Geheimnis. Doch der Heilige Geist stärkt die Kirche für ihren heilenden und versöhnenden Auftrag und befähigt Menschen dazu, im Lichte der Erlösung Christi mit der Fortdauer von Leiden und Krankheit fertigzuwerden. Weil Christus den Preis für alle Sünde gezahlt hat und das Heil bringt, kann letztlich keine Macht den Menschen schaden, die ihr Vertrauen auf die in Christus offenbarte Liebe Gottes setzen (Römer 8,31-39).

48. Am Ende wird Christus seinem Vater das von Krankheit, Leiden und Tod befreite Reich übergeben (1. Korinther 15,24). In diesem Reich wird die Heilung vollkommen sein. Darin liegt die gemeinsame Wurzel von Heilung und Heil *(salus)*. «Gott wird abwischen alle Tränen von ihren Augen, und der Tod wird nicht mehr sein, noch Leid noch Geschrei noch Schmerz wird mehr sein» (Offenbarung 21,4).

4. Die Kirche als eine heilende Gemeinschaft

Kirche, Gemeinschaft und Mission

49. Das Wesen und die Mission der Kirche ergeben sich aus der Identität und Mission des Dreieinigen Gottes selbst, mit deren besonderem Akzent auf der Gemeinschaft, in der Miteinanderteilen in dynamischer Interdependenz geübt wird. Es gehört zum innersten Wesen der Kirche – verstanden als der durch den Heiligen Geist geschaffene Leib Christi – als eine heilende Gemeinschaft zu leben, heilende Charismen zu erkennen und zu pflegen und Dienste der Heilung als sichtbare Zeichen der Gegenwart des Gottesreiches zu unterhalten.[20]

50. Eine versöhnende und heilende Gemeinschaft zu sein, ist eine wesentliche Ausdrucksform des Auftrags der Kirche, neue und erneuerte Beziehungen in der Perspektive des Gottesreiches zu schaffen. Dies bedeutet, Christi Gnade und Vergebung zu verkündigen, Körper, Geist und Seele zu heilen und zerbrochene Gemeinschaften in der Perspektive der Fülle des Lebens zu versöhnen (Johannes 10,10).

51. Es muss erneut bekräftigt werden, was im Dokument *Mission und Evangelisation in Einheit heute*[21] erklärt wurde, nämlich dass «Mission eine ganzheitliche Bedeutung hat: die Verkündigung und das Miteinanderteilen der Frohen Botschaft des Evangeliums durch Wort *(kerygma)*, Tat *(diakonia)* Gebet und Gottesdienst *(leiturgia)* und das alltägliche Zeugnis des christlichen Lebens *(martyria)*; Lehre als Aufbau und Stärkung der Menschen in ihrer Beziehung zu Gott und zueinander; und Heilung als Ganzheit und Versöhnung zur koinonia – Gemeinschaft mit Gott, Gemeinschaft mit Menschen und Gemeinschaft mit der Schöpfung als ganzer.»

Heilen der Wunden in Kirchen- und Missionsgeschichte
52. Wenn christliche Kirchen vom heilenden Dienst als einem unerlässlichen Element/Aspekt des Leibes Christi sprechen, müssen sie sich auch ihrer eigenen Vergangenheit und Gegenwart stellen, wo sie eine lange und oft konfliktreiche Geschichte miteinander teilen. Kirchenspaltungen, Rivalität in Mission und Evangelisation, Proselytismus, Ausgrenzung von Personen oder ganzen Kirchen aus dogmatischen Gründen, Verurteilungen verschiedener kirchlicher Traditionen, die als häretische Bewegungen geächtet wurden, aber auch unangemessene Kollaboration zwischen Kirchen und politischen Bewegungen oder wirtschaftlichen und politischen Mächten haben in vielen Teilen des einen Leibes Christi tiefe Spuren und Wunden hinterlassen und wirken sich weiterhin schädlich auf interdenominationelle Beziehungen aus.

Christen und Kirchen brauchen immer noch dringend Heilung und gegenseitige Versöhnung. Die Tagesordnung der kirchlichen Einheit bleibt ein wesentlicher Teil des Heilungsauftrags. Die ökumenische Bewegung war und ist weiterhin eine der verheissungsvollsten und hoffnungsvollsten Instrumente für die notwendigen

Heilungs- und Versöhnungsprozesse innerhalb der Christenheit. Was solche Prozesse bedeuten und beinhalten, ist in dem Dokument «Mission und der Dienst der Versöhnung» beschrieben worden, das im Jahr 2004 von der CWME-Kommission empfohlen wurde.[22]

Die örtliche christliche Gemeinschaft als vorrangiger Ort für den heilenden Dienst

53. Die Tübinger Konsultationen von 1964 und 1967[23] bekräftigten, dass die örtliche Gemeinde oder christliche Gemeinschaft der Hauptakteur für Heilung ist. Es wurde hervorgehoben, dass bei aller Notwendigkeit und Legitimität spezialisierter christlicher Einrichtungen wie Krankenhäusern, Diensten für elementare Gesundheitsversorgung und besondere Pflegeheimen jede christliche Gemeinschaft als solche – als der Leib Christi – eine heilende Bedeutung und Relevanz hat. Die Art und Weise, wie Menschen in einer örtlichen Gemeinschaft aufgenommen, begrüsst und behandelt werden, hat eine tiefgreifende Auswirkung auf deren heilende Funktion. Die Art und Weise, wie ein Netzwerk der gegenseitigen Unterstützung, des Aufeinanderhörens und der wechselseitigen Sorge in einer Ortsgemeinde erhalten und gefördert wird, bringt die heilende Kraft der Kirche als ganzer zum Ausdruck. Alle Grundfunktionen der Ortsgemeinde haben auch für die breitere Gemeinschaft eine heilende Dimension: die Verkündigung des Wortes Gottes als eine Botschaft der Hoffnung und des Trostes, die Feier der Eucharistie als ein Zeichen der Versöhnung und der Wiederherstellung, der seelsorgerliche Dienst eines jeden Gläubigen, das persönliche und gemeinschaftliche Fürbittgebet für alle Glieder und insbesondere für die Kranken.[24] Jedes einzelne Glied einer Ortsgemeinde hat eine einzigartige Gabe, um zum gesamten heilenden Dienst der Kirche beizutragen.

Die charismatischen Gaben des Heilens

54. Nach der biblischen Tradition sind der christlichen Gemeinschaft durch den Heiligen Geist vielfältige Gaben des Geistes anvertraut (1. Korinther 12), unter denen Charismen, die für den heilenden Dienst wesentlich sind, eine herausragende Rolle spielen. Alle Gaben des Heilens innerhalb einer gegebenen Gemeinschaft brauchen eine bewusste Ermutigung, geistliche

Stärkung, Fortbildung und Bereicherung, aber auch einen eigenen Dienst der seelsorgerlichen Begleitung und der kirchlichen Aufsicht. Charismen sind nicht auf sogenannte «übernatürliche» Gaben beschränkt, die über das allgemeine Verständnis und/oder die persönliche Weltsicht hinausgehen, sondern sind in einem weiteren Sinne zu verstehen, in dem sowohl Begabungen als auch Verfahrensweisen der modernen Medizin, alternative medizinische Ansätze wie auch Gaben der traditionellen Heilung und spirituelle Formen der Heilung zu ihrem eigenen Recht kommen. Von den wichtigsten Mitteln und Ansätzen des Heilens innerhalb der christlichen Tradition sollten folgende erwähnt werden:
- die Gabe des Gebets für Kranke und Trauernde
- die Gabe der Handauflegung
- die Gabe der Segnung
- die Gabe der Salbung mit Öl
- die Gabe der Beichte und der Busse
- die Gabe der Tröstung
- die Gabe der Vergebung
- die Gabe des Heilens von verwundeten Erinnerungen
- die Gabe des Heilens zerbrochener Beziehungen und/oder des Familienstammbaums
- die Gabe des meditativen Gebets
- die Gabe der schweigenden Präsenz
- die Gabe des gegenseitigen Zuhörens
- die Gabe der Abwendung und Austreibung böser Geister (Dienst der Befreiung)
- die Gabe der Prophetie (in persönlichen und sozio-politischen Bereichen)

Die Eucharistie als christliches Heilungsgeschehen par excellence
55. Die Feier der Eucharistie wird von der Mehrheit der Christen als die herausragendste Gabe der Heilung und als einzigartiger Heilungsakt in der Kirche in allen ihren Ausdrucksformen angesehen. Wenngleich der wesentliche Beitrag der Eucharistie zur Heilung nicht von allen denominationellen Traditionen in gleicher Weise verstanden wird, wird der sakramentale Aspekt des christlichen Heilens heute in vielen Kirchen in tiefergehender Weise geschätzt und zum Ausdruck gebracht. In der Eucharistie erfahren Christen und Christinnen, was es bedeutet, zusammengebracht und

vereint zu werden, wieder zum Leib Christi gemacht zu werden über alle sozialen, sprachlichen und kulturellen Grenzen hinweg, jedoch noch nicht über konfessionelle Grenzen hinweg. Die verbleibende Trennung zwischen Kirchen, die eine gemeinsame Feier am Tisch des Herrn verhindert, ist der Grund, warum es vielen Christen und Christinnen schwer fällt, die Eucharistie als das Heilungsgeschehen par excellence zu verstehen und zu erleben.

56. Die eucharistische Liturgie bietet jedoch den Rahmen und den sichtbaren Ausdruck für Gottes heilende Gegenwart inmitten der Kirche und durch sie in der Mission gegenüber dieser gebrochenen Welt. Der Heilungsaspekt der Eucharistie wird unterstrichen durch die weit in die alte Kirche zurückreichende Tradition, die verlangt, dass man sich vor der Teilhabe an der Eucharistie mit Bruder oder Schwester versöhnt. Er kommt ausserdem durch den Austausch des Friedensgrusses und die Vergebung der Sünden zwischen Gott und den Gläubigen in der Beichtliturgie zum Ausdruck. Es gibt auch sehr frühe Belege für die christliche Praxis, die Eucharistie mit den Kranken zu teilen und sie in Wohnungen und Krankenhäuser zu bringen. Der für die leidende Welt gebrochene Leib Christi wird als die zentrale Gabe der heilenden Gnade Gottes empfangen. Jede eucharistische Feier stellt zugleich die Gemeinschaft der Kirche wieder her und erneuert die heilenden Gaben und Charismen. Nach alten Quellen ist die liturgische Tradition der Salbung der Kranken mit Öl in der eucharistischen Feier verwurzelt. In der römisch-katholischen wie in der orthodoxen Tradition wird das für die Krankensalbung verwendete Öl[25] in der Liturgie der Segnung des Öls während der Karwoche durch den Ortsbischof geweiht (Chrismations-Messe), wodurch der heilende Dienst der Kirche sowohl in der Eucharistie als auch in Kreuz und Auferstehung Christi verankert wurde.

Die heilende Dimension des Gottesdienstes allgemein und besonderer Heilungsgottesdienste

57. Es gilt für alle christlichen Denominationen und kirchlichen Traditionen, dass die gottesdienstliche Gemeinde und der Gottesdienst selbst eine tiefgreifend heilende Dimension haben können. Sich in Lobpreis und Klage Gott zu öffnen, sich den anderen als einer Gemeinschaft von Glaubenden anzuschliessen, von

der Schuld und den Lasten des Lebens befreit zu werden, selbst unglaubliche Gesundung zu erfahren, sich vom Erleben des Gesangs und des Lobpreises entflammen zu lassen, das sind ungeheuer heilende Erfahrungen. Es muss jedoch auch anerkannt werden, dass dies niemals selbstverständlich ist. Unangemessene Formen des christlichen Gottesdienstes, wie triumphalistische «Heilungsgottesdienste», in denen der Heiler auf Kosten Gottes verherrlicht wird, und in denen falsche Hoffnungen geweckt werden, können Menschen zutiefst verletzen und schädigen. An vielen Orten werden jedoch noch besondere monatliche oder wöchentliche Gottesdienste als authentisches Zeugnis von Gottes heilender Kraft und Fürsorge erlebt. In einem solchen Gottesdienst werden ausdrücklich die Nöte von Menschen angesprochen, die aus der Erfahrung von Verlust, innerer Zerrissenheit, Verzweiflung oder körperlicher Krankheit Heilung suchen. In vielen kirchlichen Traditionen wird im Gottesdienst die Eucharistie verbunden mit dem Ritual des persönlichen Gebets für die Kranken und der Handauflegung als eine angemessene Antwort auf den Auftrag der Kirche wie auf die Sehnsucht nach Heilung im Volk. Der Beitrag des Pentekostalismus und der charismatischen Bewegung sowohl innerhalb als auch ausserhalb der historischen Kirchen zur gegenwärtigen Erneuerung des Verständnisses der heilenden Dimension des Gottesdienstes und der Mission im allgemeinen muss in diesem Zusammenhang anerkannt werden.

Vertiefung eines gemeinsamen Verständnisses einer christlichen heilenden Spiritualität
58. Es ist für alle christlichen Traditionen klar, dass christliche Heilungsdienste nicht als blosse Techniken und professionelle Fertigkeiten oder bestimmte Rituale verstanden werden dürfen. Sie sind alle von einer christlichen Spiritualität und Disziplin abhängig, die sich auf alle Bereiche des persönlichen wie des beruflichen Lebens auswirkt. Eine solche Spiritualität hängt ab vom Glauben an Gott, von der Nachfolge in Christi Fussspuren, vom Umgang mit dem Körper und mit den Begrenzungen von Raum und Zeit und mit Schmerz und Krankheit, von der Art zu essen und zu fasten, zu beten und zu meditieren, Kranke zu besuchen, den Notleidenden zu helfen und im Offensein gegenüber dem Geist Gottes Schweigen zu bewahren.

Es ist notwendig zu erkennen, was authentische christliche Spiritualität ausmacht. Es gibt Theologien und Formen christlicher Praxis, die nicht zur Heilung beitragen. Verzerrte Formen von Spiritualität oder Frömmigkeit können zu ungesunder Lebensweise und zu einer fragwürdigen Beziehung zu Gott und den Mitmenschen führen.

Ordinierte und Laien im heilenden Dienst
59. In vielen Gemeinden kann man feststellen, dass es nur Ordinierten erlaubt ist, Segenszeichen und Heilungsgebete für notleidende Menschen zu gebrauchen. Das biblische Zeugnis erinnert uns jedoch daran, dass der Heilige Geist und die Gaben des Geistes allen Mitgliedern des Gottesvolkes zugesagt sind (Apostelgeschichte 2,17; 1. Korinther 12,3ff) und dass jedes Glied der Kirche dazu berufen ist, sich am Heilungsdienst zu beteiligen. Die Kirchen werden dazu ermutigt, die Gaben und die Fähigkeiten insbesondere von Laien zu fördern, sowohl in Ortsgemeinden als auch in Einrichtungen der Gesundheitsvorsorge. Menschen dazu zu befähigen, als Botschafter und Botschafterinnen des Heilungsdienstes zu wirken, ist eine wesentliche Aufgabe der ordinierten Pfarrer/innen und Diakon/innen in der Kirche wie auch der Christen und Christinnen, die beruflich in verschiedenen gesundheitsbezogenen Einrichtungen tätig sind.

60. Wie jede einzelne Kirche am besten den Auftrag der örtlichen Gemeinschaft erkennen und die Verantwortung der Ordinierten und der Laien im Blick auf den Heilungsdienst zum Ausdruck bringen kann, hängt von ihrer eigenen Tradition und Struktur ab. Die Kirche von England hat zum Beispiel an vielen Orten auf Diozesanebene einen Berater/eine Beraterin für Heilungsdienste ernannt. Dieser/diese Beauftragte ist dafür verantwortlich, in Zusammenarbeit mit dem Regionalbischof neu entstehende Heilungsdienste durch Ermutigung, Unterweisung und auch geistliche und seelsorgerliche Beratung zu fördern. Dadurch erhält der heilende Dienst der Kirche eine sichtbare Anerkennung und Unterstützung in der Kirche als ganzer, anstatt lediglich an spezialisierte Einrichtungen delegiert oder auf einen Ort begrenzt zu werden.

Die Notwendigkeit, Christen und Christinnen für den heilenden Dienst heranzubilden – Integration statt Aufteilung

61. Man ist sich immer mehr darin einig, dass die Heranbildung für verschiedene Formen des christlichen Heilungsdienstes nicht so weitverbreitet und entwickelt ist, wie sie in den verschiedenen Bereichen des kirchlichen Lebens sein sollte. In vielen Lehrplänen der theologischen Ausbildung ist die explizite Unterweisung über das christliche Verständnis von Heilung unterentwickelt oder überhaupt nicht vorhanden. In der letzten Zeit hat es jedoch Bemühungen gegeben, HIV/AIDS in den Lehrplan von theologischen Ausbildungsstätten in Afrika aufzunehmen. Doch viele Ausbildungs- und Bildungsprogramme finden lediglich im Rahmen der jeweiligen beruflichen Fachgebiete statt. Es besteht keine Interaktion zwischen verschiedenen Bildungsprogrammen und Fachbereichen, und es wird versäumt, Fragen und elementare Themen des christlichen Heilens in die Grundausbildung für das Pfarramt und in die Erwachsenenbildung im allgemeinen aufzunehmen.

Der heilende Dienst der Gemeinschaft und der heilenden Berufe

62. Die Beratungen der Tübinger Konsultationen in den Jahren 1964 und 1967 und die Gründung der Christlichen Gesundheitskommission (CMC) 1968 mit der Entwicklung des Konzepts der Elementaren Gesundheitsversorgung (Primary Health Care – PHC) in den 80er-Jahren führten zu einer PHC-Bewegung, die mit grossen Hoffnungen auf eine Veränderung begann, aber nicht durchgehalten hat. Die Trennung, die zwischen technologisch hochentwickelter Medizin auf der einen Seite und elementarer Gesundheitsversorgung auf der anderen Seite entstand, hat sich schädlich ausgewirkt auf die Bemühungen um eine bessere und gesundere Welt. Während engagierte christliche Fachleute hervorragende Programme im Bereich der elementaren Gesundheitsvorsorge entwickelten, war die Beteiligung der Gemeinden an der PHC-Bewegung sporadisch und minimal. Obwohl diese Bewegung sich in gewissem Masse mit den Fragen des Zugangs zu gesundheitlicher Betreuung und der Gerechtigkeit befasst hat, wurden die spirituellen Aspekte nicht in angemessener Weise behandelt. In vielen Ländern wurden traditionelle Formen

der Medizin von der modernen Schulmedizin unnötigerweise verurteilt. Sie haben sich in Isolierung und Konkurrenz dazu weiter entwickelt und im Blick auf die Beziehung zwischen christlichen Gemeinschaften und Fachleuten der traditionellen Medizin Probleme geschaffen.

63. In den letzten Jahren haben weitere einschneidende Veränderungen in der Gesellschaft und in Gesundheitssystemen bei denjenigen, die innerhalb der etablierten Gesundheitssysteme arbeiten, insbesondere in industrialisierten Ländern und Zentren, zu verstärkten Spannungen geführt. Zunehmender Druck, die Gesundheitsversorgung zu rationalisieren, die Kosten und das medizinische Personal einzuschränken, neigen dazu, Ärzte und Ärztinnen, Krankenschwestern und Assistenten und Assistentinnen von einem ganzheitlichen Ansatz im Blick auf Gesundheit und Heilung abzuhalten. Gleichzeitig hat es sich in vielen Teilen der Welt ganz offenkundig als notwendig erwiesen, sich bei der gesundheitlichen Betreuung um den ganzen Menschen zu bemühen. Es bleibt eine offene Frage, wie das medizinische Personal in der Lage sein wird, auf diese widersprüchlichen Forderungen zu reagieren. Es ist ermutigend, in vielen säkularen Institutionen des etablierten Gesundheitssystems Zeichen und Signale einer neuen Bemühung und Offenheit im Blick auf Zusammenarbeit mit religiösen Organisationen, insbesondere mit christlichen Kirchen, festzustellen.

64. Christliche Kirchen sollten offen und aufnahmefähig sein, um auf diejenigen zu hören und von ihnen zu lernen, die mit den ständig wachsenden Widersprüchen und Mängeln innerhalb des etablierten Gesundheitssystems zu tun haben.

Diejenigen, die beruflich im Gesundheitswesen tätig sind, sollten ihrerseits erkennen, dass Gesundheitsfragen über die Einzelperson hinaus etwas mit der Gemeinschaft zu tun haben, die ein soziales Netzwerk mit vielen Ressourcen und Fertigkeiten ist, das Gesundheit fördern kann. Sie werden dazu herausgefordert, sich selbst als Teil eines breiteren Netzwerks heilender Disziplinen zu betrachten, zu denen die medizinischen, technischen, sozialen und psychologischen Wissenschaften wie auch Religionen und traditionelle Heilmethoden gehören. Diese breitere Sicht wird den beruflich im medizinischen Bereich Tätigen helfen, das Leiden in

172 Erklärungen zur christlichen Mission

das Gesundheitskonzept zu integrieren und Menschen mit unheilbaren physischen Problemen befähigen, Geheilte zu werden. Sie wird die BerufsmedizinerInnen auch dazu ermutigen, den Patienten und Patientinnen Informationen mitzuteilen und sie dazu befähigen, sich verantwortlich zu fühlen und Entscheidungen für ihre eigene Gesundheit zu treffen.

65. Der primäre Bereich der Gesundheitsfürsorge in der Gemeinschaft sollte von angemessenen sekundären und tertiären Pflegeeinrichtungen gestützt werden. Das System der Überweisung sollte auf gegenseitiger Basis und wechselseitiger Unterstützung beruhen.

Heilender Dienst und Anwaltschaft

66. Wenngleich dieses Dokument sich auf die medizinischen und spirituellen Aspekte des heilenden Dienstes konzentriert, nimmt es doch zur Kenntnis, dass es eine umfassendere Definition von Heilen gibt, die die Bemühungen von Personen, Bewegungen, Gesellschaften und Kirchen um eine grundlegende Änderung solcher Strukturen einschliesst, die Armut, Ausbeutung, Schaden und Krankheit oder Leiden hervorbringen. Die frühere CMC-Studie aus dem Jahr 1990[26] wird immer noch als gültige Richtschnur für jenen breiteren Aspekt des heilenden Dienstes betrachtet, der mit der HIV/AIDS-Pandemie noch an Dringlichkeit zunahm. Das Dokument von 1990 betrachtet Gesundheit als ein Problem der Gerechtigkeit, eine Frage des Friedens und eine Frage, die mit der Bewahrung der Schöpfung zusammenhängt. Folglich fordert sie eine heilende Gemeinde, die «den heilenden Dienst in die politischen, sozialen und wirtschaftlichen Bereiche hineinbringt und

- sich für die Beseitigung von Unterdrückung, Rassismus und Ungerechtigkeit einsetzt;
- den Befreiungskampf von Völkern unterstützt;
- sich anderen Menschen guten Willens anschliesst, um gemeinsam zu mehr sozialem Bewusstsein zu gelangen und
- die Unterstützung der öffentlichen Meinung für den Kampf um Gerechtigkeit im Bereich der Gesundheit gewinnt».[27]

67. Alle Christen und Christinnen, insbesondere diejenigen, die aktiv in heilenden Diensten und in medizinischen Berufen tätig

sind, und diejenigen, die mit den Charismen der Prophetie begabt sind, sind dazu aufgerufen, auf der nationalen und internationalen politischen Bühne FürsprecherInnen für einen solchen ganzheitlichen Ansatz zu sein. Mit ihrer spezifischen Kompetenz und Erfahrung tragen sie eine besondere Verantwortung, mit den und im Namen der Marginalisierten und Unterprivilegierten zu sprechen und zur Stärkung der Netze der Anwaltschaft und der Kampagnen beitragen, um Druck auf internationale Organisationen, Regierungen, Industrien und Forschungsinstitutionen auszuüben, damit der jetzige skandalöse Umgang mit Ressourcen grundlegend in Frage gestellt und verändert wird.

Ausbildung
68. Wegen aller dieser Aspekte der kirchlichen Mission im Blick auf Gesundheit und Fürsorge wird die Ausbildung von Fachkräften im medizinischen und gesundheitsbezogenen Berufen ein Schlüsselbereich für entsprechende Vorgehensweisen sein. Gemeinden und Personen, die in seelsorgerlichen Bereichen arbeiten, benötigen ebenfalls eine Unterweisung über die ganzheitlichen Ansätze im Gesundheitswesen und die in diesem Dokument erwähnten spezifischen Beiträge, die sie leisten können.

69. Für Christen besteht die Herausforderung darin, weiterhin Gemeinschaften so zu aktivieren, dass die Pädagogik des Heilens in das kirchliche Leben einbezogen wird. Dies bedeutet:
- Gemeinschaften dazu zu motivieren und mobilisieren, die Kernfragen der mangelnden
- Gesundheit herauszustellen, sich diese Probleme zu eigen zu machen und wirksame Massnahmen zu ergreifen;
- sich mit dem ganzheitlichen Verständnis des heilenden Dienstes im Evangelium zu identifizieren;
- mit der breiteren Gesellschaft zusammenzuarbeiten, um Veränderungen in der Gesundheit und dem Leben der Menschen zu bewirken.

5. Offene Fragen und notwendige Debatten

70. Dieses Kapitel enthält Fragen, über die Christen aus verschiedenen denominationellen Traditionen und/oder unterschiedlicher kultureller Herkunft weiterhin diskutieren. Dies bedeutet nicht, dass alle unten aufgeführten Aussagen umstritten sind; doch über deren Reichweite und Folgen wird diskutiert.

Alle Heilung kommt von Gott – Christliche heilende Spiritualität und nicht-christliche Heilpraktiken

71. Dass alle Heilung von Gott kommt, ist eine Überzeugung, die von den meisten, wenn nicht von allen christlichen Traditionen geteilt wird.[28] Es wird jedoch darüber debattiert, welche Konsequenz sich aus einer solchen Aussage ergibt für das Verständnis von Menschen und Traditionen oder Heilpraktiken in anderen Religionen.

72. Als Bekräftigung der Gegenwart der göttlichen Heilkräfte, die in der ganzen Schöpfung am Werk sind, sollten Dank und Lob ausgesprochen werden für alle verschiedenen Mittel, Verfahrensweisen und Traditionen, die zur Heilung von einzelnen Menschen und Gemeinschaften wie auch der Schöpfung beitragen, indem sie deren Heilpotential stärken.

73. In vielen Kontexten, wo sowohl innerhalb als auch ausserhalb der Kirchen ein starkes Verlangen nach Heilung besteht, wird jedoch im Bereich der Kirchen und der christlichen gesundheitsbezogenen Einrichtungen über die Frage der Offenheit und des Vertrauens von Christen gegenüber Heilpraktiken, die in anderen Religionen (wie verschiedene traditionelle religiöse medizinische Ansätze, aber auch Yoga, Reiki, Shiatsu, Zen-Meditation etc.) viel debattiert. Inwieweit lässt sich christliche Heilungsspiritualität mit Heilpraktiken aus anderen Religionen in Einklang bringen? Sind diese mit den Grundprinzipien der christlichen Spiritualität vereinbar und passen sie zusammen?

74. Christliche Spiritualität sollte gegenüber allen Mitteln der Heilung, die sich als Teil der fortwährenden Schöpfung Gottes anbieten, Offenheit zeigen. Gleichzeitig gibt es Heilpraktiken, die sich mit einer religiösen Weltsicht verbinden, die den christlichen Grundprinzipien widersprechen kann, und einige Christen achten

besonders auf solche Gefahren. Für wiederum andere Christen ist Vorsicht geboten, weil böse geistige Kräfte ihre zerstörerische Wirkung hinter solchen anscheinend wohltuenden Heilpraktiken verbergen könnten.

75. Keine Heilpraxis ist völlig neutral. Sie muss jeweils kritisch theologisch geprüft werden. Das heisst nicht, dass beispielsweise keinerlei Yoga- oder Reikipraktiken in christlichen Gemeindezentren angebracht wären. Sie können, wie viele Christen im Westen glauben, in einer Weise praktiziert werden, die nicht zu einer Aufweichung oder grundlegenden Verzerrung des christlichen Glaubens und der christlichen Gemeinschaft führt. Die Kirche ist sich stets dessen bewusst gewesen, dass Gott Einblicke darin geben kann, wie die Schöpfung wirkt und durch Völker anderer Sprachen, Kulturen und sogar religiöser Traditionen zur Heilung beitragen kann, und dies gilt auch für den Bereich der medizinischen Behandlung, der alternativen Medizin und der alternativen Heilpraktiken.

76. Vorsicht oder sogar ausdrücklich Ablehnung werden indessen überall dort empfohlen, wo
- religiöse Abhängigkeit von dem Heiler oder Guru geschaffen wird;
- absoluter spiritueller, sozialer oder wirtschaftlicher Gehorsam verlangt wird;
- Menschen durch Heilpraktiken in einem Geist der Bedrohung, der Angst oder der Knechtschaft gefangengehalten werden;
- der Erfolg einer Heilung von grundlegenden Veränderungen in der religiösen Weltsicht der Christen abhängig gemacht wird.

77. Wie die biblische Tradition zeigt, werden Christen dazu aufgefordert und beauftragt, alles zu prüfen, am Guten festzuhalten und alles Böse zu meiden (1. Thessalonicher 5,21-22). Wenn Christen Heilpraktiken und energetischer therapeutischer Tätigkeit begegnen, die in anderen Religionen verwurzelt sind, sollten sie sich zunächst immer ermutigt fühlen, die reiche Vielfalt und die altüberlieferten spirituellen Heilpraktiken innerhalb der christlichen Kirche selbst neu zu entdecken.

Debatte über die Vorstellungen von Dämonologie und Machtbegegnung

78. Traditionsgemäss ist der Begriff «Dämonologie» in der christlichen Theologie mit der Lehre von den Engeln (Angelologie) verbunden worden. Dämonen/dämonische Kräfte bezeichnen die «dunkle» Seite der geistigen Wirklichkeit.

Der Begriff «Macht/Mächte» wird im theologischen und ökumenischen Diskurs mit unterschiedlicher Bedeutung verwendet. Häufig und insbesondere in ökumenischen Kreisen wird er in Bezug auf politische Gewalt und unterdrückende gesellschaftliche Strukturen gebraucht.

79. Unter pfingstlerisch-charismatischen Christen – aber darüber hinaus auch unter denjenigen, die weiterhin der Tradition des klassischen Christentums folgen – bedeutet die Bezeichnung «Mächte/Kräfte» gewöhnlich geistige Mächte/Kräfte, böse Geister, Dämonen. Folglich wird «Machtbegegnung» verstanden als eine Begegnung zwischen der (geistigen) Kraft Gottes und anderen Göttern/Geistwirklichkeiten. Diese Christen glauben, dass der wahre Gott Gottes Macht über andere beweisen wird. Es ist zwar wichtig, dass bei einem solchen Dialog die komplexen Verwicklungen der Geistwelten, die in dem und neben dem postmodernen Zeitalter gedeihen, nicht vereinfacht werden, doch gleichzeitig sollte ein solcher Dialog jedem Versuch widerstehen, den Heiligen Geist zu einem mächtigen Mittel zum Zweck zu machen, als ob die Kirche Gott rechtfertigen müsste.[29] Die Kirche soll den lebendigen Gott bezeugen. Sie muss nicht beweisen, dass Gott im Recht ist.

80. Es ist eine ökumenische Herausforderung für die Kirchen, die verschiedenen Bedeutungen zu erkennen, die mit dem Reden über Mächte/Kräfte verbunden werden, und zu versuchen, Reduktionismus zu vermeiden. Während die traditionell übliche Verbindung der «Mächte» mit geistigen Kräften die primäre biblische Bedeutung zu sein scheint, ist das Verständnis von Mächten im Sinne von gesellschaftlichen und politischen Wirklichkeiten ebenfalls in der Bibel zu finden (vgl. z.B. die Versuchungsgeschichte in Matthäus 4,1-11 und Lukas 4,1-13) und kann als legitime Auslegung der christlichen Botschaft verstanden werden.

81. Das pfingstlerisch-charismatische Interesse an Machtbegegnung stellt uns vor ernste Herausforderungen und kann theologische und seelsorgerliche Probleme mit sich bringen. Der Gedanke der «Machtbegegnung», wie er oben beschrieben wurde, kann zu einer triumphalistischen, aggressiven Darstellung des Evangeliums führen. In einigen Fällen werden «Geistern» Einfluss und Macht zugeschrieben, die über das hinausgehen, was theologisch angemessen erscheint, und wodurch die Bedeutung von persönlicher und kollektiver Verantwortung verwischt wird.

82. Aus diesem Grund stellen Dämonologie und Exorzismus kognitive und spirituelle Herausforderungen für diejenigen Kirchen dar, deren Bezugsrahmen und Theologie durch ein nach-aufklärerisches wissenschaftlich-rationales Denken geprägt ist, wie auch deren Weltsicht diejenige herausfordert, die Ereignisse durch Bezug auf Geistwesen erklärt. So erscheint ein angemessener interkultureller und ökumenischer Dialog im Interesse des gesamten Heilungsauftrags der Kirchen als dringlich.

Teilen von Ressourcen und Erkenntnissen im Blick auf christliches Heilen innerhalb der ökumenischen Gemeinschaft

83. Viele kirchliche Traditionen haben ihre eigenen reichen Erkenntnisse und liturgischen wie theologischen Schätze und können heute zu einem ganzheitlichen Verständnis und einer neuen Wertschätzung des christlichen Gesundheits- und Heilungsdienstes beitragen. Die anglikanische, die orthodoxe und die römisch-katholische Tradition bieten eigene und unterschiedliche Heilungsliturgien. Es wird dazu ermutigt, diese unter anderen Denominationen und Traditionen bekanntzumachen und solche liturgischen Ordnungen, die innerhalb der ökumenischen Kirchengemeinschaft vorhanden sind, miteinander zu teilen.

Studium und Dialog über Dämonologie

84. Es wäre eine lohnende Aufgabe für das Missionsreferat des ÖRK, auf breiter Basis einen Studienprozess über das Thema der Dämonologie und der geistigen Mächte in die Wege zu leiten, da dies, wie bereits erwähnt, ein Thema ist, mit dem Christen und christliche Gemeinschaften in ihrem alltäglichen Leben zu tun haben. Teil dieses Studienauftrags wäre es, die Frage zu erörtern, ob

das Amt des Exorzisten als christlicher Dienst in jenen kirchlichen Traditionen rehabilitiert werden könnte, wo es bislang nicht besteht.

Ökumenische Initiative für heilende Spiritualität
85. Es könnte durchaus erwogen werden, ob für die nächsten Jahre eine ökumenische Initiative nötig wäre, um die christliche heilende Spiritualität zu vertiefen und entsprechende Ausbildungskurse für freiwillige Mitarbeiter/innen, gesundheitsdienstliches Personal und ordinierte Pfarrer/innen zu fördern.

Die Notwendigkeit Runder Tische über die Zukunft von Gesundheit, Spiritualität und Heilung
86. In vielen Ländern befinden sich etablierte Institutionen im Gesundheitswesen in einem Prozess der Umgestaltung und der institutionellen Krise, teilweise auf Grund von wirtschaftlichen Faktoren und mangelnder finanzieller Stabilität, Mängeln im Bereich von Management und Leitung, steigenden Kosten in der technologisch hochentwickelten Medizin, veränderten Verhaltensformen der Patient/innen, mangelnder Einwilligung der Patient/innen und demographischer Unausgewogenheit in vielen westlichen Ländern. Historisch gesehen hat die christliche Mission bei der Schaffung und Gestaltung des Gesundheitswesens in vielen Ländern des Südens eine Pionierrolle gespielt. Sie trägt auch Verantwortung dafür, ihren Beitrag dazu zu leisten, dass die Krise der etablierten Institutionen der Gesundheitsfürsorge zu Beginn des 21. Jahrhunderts überwunden wird. Entsprechend der Tradition der Christlichen Gesundheitskommission und neuerer Vorschläge[30] wird vorgeschlagen, dass die in den verschiedenen Regionen der Welt bestehenden christlichen Gesundheitskommissionen und Gesundheitsvereinigungen sich zusammentun und interdisziplinäre Gesprächsforen bilden über die Zukunft der Gesundheitsfürsorge und der Gesundheitssysteme im Westen wie im Süden. Man sollte sich um Möglichkeiten des Austauschs und der Stärkung der Zusammenarbeit zwischen den verschiedenen regionalen christlichen Gesundheitsvereinigungen bemühen, um dem christlichen Dienst des Heilens neues Profil zu geben und ihn vor den Augen der Welt sichtbarer und effektiver zu machen.

ANMERKUNGEN

1. CWME-Vorbereitungspapier Nr. 10, www.mission2005org.
2. Vgl. Christina de Vries: «The Global Health Situation: Priorities for the Churches' Health Ministry beyond AD 2000» in: *International Review of Missions (IRM)* Vol. XC, Nos. 356/357, p. 149ff.
3. Zur ÖRK-Definition siehe § 31 unten.
4. World Health Organisation (WHO): *The World Health Report – Changing History*, Genf 2004.
5. United Nations: *Report on Millennium Development Goals*. Vgl. www.un.org/millenniumgoals/. Hier wird auf no. 4 verwiesen: die Sterblichkeitsrate von Kindern unter fünf Jahren um zwei Drittel zu verringern; no. 5: die Sterblichkeitsrate von Gebärenden um drei Viertel zu verringern; no. 6: die Verbreitung von HIV/AIDS einzudämmen und zurückzuwenden. Das Vorkommen von Malaria und anderen schweren Krankheiten einzudämmen und rückgängig zu machen.
6. WHO, op.cit.
7. Vgl. *Healing and Wholeness. The Churches' Role in Health. The report of a study by the Christian Medical Commission, Geneva, WCC, 1990*. Das Dokument wurde 1989 vom Zentralausschuss in Moskau entgegengenommen. Zitat aus Seite 1.
8. Wie «fast-food» und andere Konsumtrends, die in den Wohlstandsgesellschaften bei Kindern und Erwachsenen zu Übergewicht, Drogensucht, übermässigem Konsum von Fernsehen und Video usw. führen.
9. Vgl. Harold G. Koeching, Michael E. Muccullogh, David B. Lason, eds, *Handbook of Religion and Health*, New York, Oxford University Press, 2001.
10. Die Frage nach der Beziehung zwischen Evangelium und Kulturen wurde 1996 von der Weltmissionskonferenz in Salvador eingehend behandelt, vgl. Christopher Duraisingh (ed.), *Called to One Hope. The Gospel in Diverse Cultures*, Geneva, WCC, 1998.
11. Ein Begriff, der insbesondere von Paul Tillich entwickelt wurde. Vgl. Paul Tillich: «The meaning of health» (1961) in Id., *Writings in the Philosophy of Culture/Kulturphilosophische Schriften* (Main works/Hauptwerke 2) ed. by M. Palmer, Berlin-New York, 1990, pp. 342-52. Paul Tillich,»The relation of religion and health. Historical considerations and theoretical questions» (1946), in: *Ibid.*, pp. 209-38. Id., *Systematic Theology III. Life and the Spirit, History and the Kingdom of God*, Chicago, 1963, pp. 275-82.
12. CMC-Studie *Healing and Wholeness*, op.cit. (note 6), p. 6.

13 Ein Beispiel sind die Diskussionen um den Begriff «Salutogenese», der vom medizinischen Soziologen Aaron Antonowsky entwickelt wurde und sich auf diejenigen Faktoren konzentriert, die dazu beitragen, Gesundheit und Wohlbefinden an Leib und Seele zu erhalten, statt sich auf Faktoren zu fixieren, die Krankheiten verursachen.

14 *A Time to Heal. A Report for the House of Bishops of the General Synod of the Church of England on the Healing Ministry*, London, Church House Publishing, 2000.

15 Mission im Kontext. Verwandlung, Versöhnung und Befähigung. Ein Beitrag des LWB zu Verständnis und Praxis der Mission, Genf, LWB, 2004 (vorläufige deutsche Übersetzung).

16 Vgl. *IRM* Vol. 93, Nos 370/71, Juli/Oktober 2004, on «Divine Healing, Pentecostalism and Mission».

17 Z.B. die CMC-Studie von 1990, *Healing and Wholeness*, op.cit.

18 Gruppenbericht aus einer 2002 in Ghana durchgeführten Konsultation mit Pfingstlern, veröffentlicht in *IRM* July/October 2004, op.cit., p. 371.

19 Siehe unten, Kapitel 5.

20 Dies bezieht sich auf Gemeinden wie auch auf kirchliche Institutionen der Gesundheitsfürsorge und spezialisierte diakonische Dienste.

21 CWME-Vorbereitungsdokument Nr.1.

22 CWME-Vorbereitungsdokument Nr.10, op.cit.

23 Zwei Konsultationen, die im Deutschen Institut für Ärztliche Mission (DIFÄM) in Tübingen/Deutschland durchgeführt wurden und am Anfang der Gründung der Christlichen Gesundheitskommission und der ÖRK-Arbeit im Bereich der Gesundheit standen. Vgl. *The Healing Church. The Tübingen Consultation 1964*, Genf, ÖRK, 1965 und James C. McGilvray, *The Quest for Health and Wholeness*, Tübingen, DIFÄM, 1981, deutsch unter dem Titel «Die verlorene Gesundheit – Das verheissene Heil», Radius-Verlag, Stuttgart, 1982.

24 Vgl. das ausgezeichnete Kapitel über die heilende Gemeinschaft im CMC-Dokument *Healing and Wholeness*, op.cit. S. 31f.

25 Erst im Mittelalter wurde diese Tradition beschränkt auf ein sakramentales Zeichen, das den Sterbenden als 'letzte Ölung' vorbehalten wurde.

26 *Healing and Wholeness*, op.cit.

27 *Ibid.*, p. 32.

28 Vgl. *IRM* Juli-Oktober 2004, op cit. (Dialog mit Pfingstlern); vgl. auch LWB-Missionserklärung, op.cit., S. 39. Die Aussage, dass alle Heilung von Gott kommt, ist bereits in den Dokumenten zu finden, die sich aus der Tübinger Konsultation von 1954 ergeben haben, vgl. *The Healing Church*, op.cit., p. 36.

29 Gott rechtfertigt vielmehr die Kirche, Matthäus 10,19-20; Lukas 21,15; Markus 13,11.
30 Vgl. die Ergebnisse der im Jahr 2000 in Hamburg veranstalteten Konsultation, veröffentlicht in *IRM*, Vol. XC, Nos 356/357, Januar/April 2001 zum Thema «Health, Faith and Healing».